W0201669

V&R

Silvia Pfeifer / Joachim Kriebel

Lernen mit Portfolios

Neue Wege des selbstgesteuerten Arbeitens in der Schule

Mit 23 Abbildungen

Vandenhoeck & Ruprecht

Bibliografische Information der Deutschen Nationalbibliothek

Die Deutsche Nationalbibliothek verzeichnet diese Publikation in der Deutschen Nationalbibliografie; detaillierte bibliografische Daten sind im Internet über http://dnb.d-nb.de abrufbar.

ISBN 978-3-525-31537-8

© 2007 Vandenhoeck & Ruprecht GmbH & Co. KG, Göttingen
Internet: www.v-r.de
Alle Rechte vorbehalten. Das Werk und seine Teile sind urheberrechtlich geschützt.Jede Verwertung in anderen als den gesetzlich zugelassenen Fällen bedarf der vorherigen schriftlichen Einwilligung des Verlages. Hinweis zu § 52a UrhG: Weder das Werk noch seine Teile dürfen ohne vorherige schriftliche Einwilligung des Verlages öffentlich zugänglich gemacht werden. Dies gilt auch bei einer entsprechenden Nutzung für Lehr- und Unterrichtszwecke. Printed in Germany.

Druck und Bindung: ⊕ Hubert & Co., Göttingen

Gedruckt auf altersbeständigem Papier

Inhalt

1 Vorwort

„Non vitae, sed scholae discimus",[1] so klagte bereits Seneca in einem Brief an Lucilius. Dieses Zitat – oft verfälscht, um die grausame Wahrheit zu beschönigen – belegt, dass bereits im antiken Rom erhebliche Defizite vorhanden waren zwischen dem Wunschdenken der Bildungsexperten und der Wirklichkeit.

Seit dieser Zeit haben sich viele kluge Personen Gedanken über das Lernen gemacht und die Moderne fordert einen Wandel von der belehrten zur lernenden Gesellschaft, um die Menschen auf das zukünftige Leben vorzubereiten. Die entscheidenden Fragen lauten:

- Wie sieht das Leben in der Zukunft aus?
- Auf welche Anforderungen müssen wir unsere Schüler vorbereiten?
- Welche Anforderungen werden an das Bildungssystem gestellt?
- Welche Änderungen muss es durchlaufen?

Erst wenn wir uns ein Bild davon machen, was von unseren Schülern in der Zukunft erwartet wird, können wir Maßnahmen festlegen, die ihnen helfen werden, diese Zukunft zu bewältigen.

Selbstverständlich bringt ein Blick in die Zukunft ein gewaltiges Maß an Unsicherheit mit sich. Um nicht zu sehr der Spekulation zu verfallen und zu viele widersprüchliche Meinungen darzustellen, dienen im Folgenden zwei Hauptquellen als Grundlage. Dies ist einerseits der Zukunftsforscher Matthias Horx,[2] der mit seinem Zukunftsinstitut wesentliche Aussagen zur Entwicklung der Gesellschaft in den kommenden Jahrzehnten macht. Andererseits ist dies die Studie der Boston Consulting Group „Die Zukunft bilden", in der über achtzig Unternehmer, führende Unternehmensmitarbeiter und Bildungsexperten Antworten gegeben haben auf die Fragen: „Welche Anforderungen stellt die Unternehmenswelt von morgen? Wie bereitet man sich angemessen darauf vor – und welche Rolle spielt dabei die Schule von heute?"[3]

1 Seneca: Epistulae morales ad Lucilium 106,12.

2 Nähere Informationen unter www.zukunftsinstitut.de.

3 Boston Consulting Group, The: Die Zukunft bilden. Eine gemeinsame Aufgabe für Schule und Wirtschaft, München, 2001.

Theoretischer Teil

2 Der Blick in die Zukunft

2.1 Das Sphärensystem – die KnowledgeSphere

Das Zukunftsinstitut versucht mit der Entwicklung eines Modells, dem Sphärensystem, die schwierige Aufgabe zu bewältigen, relativ sichere Prognosen für eine zukünftige Welt abzugeben. Das Sphärensystem soll „eine ganzheitliche Sicht von Zukunftsprozessen fördern. In den einzelnen Sphären befinden sich die wichtigsten Trend-Prozesse unserer Zeit in der Übersicht.“[4]

Für unsere Diskussion besonders wichtig ist die „KnowledgeSphere“ (vergl. Abb 1), in der die entscheidenden Zukunftsaussagen für den Bereich Bildung getroffen werden.

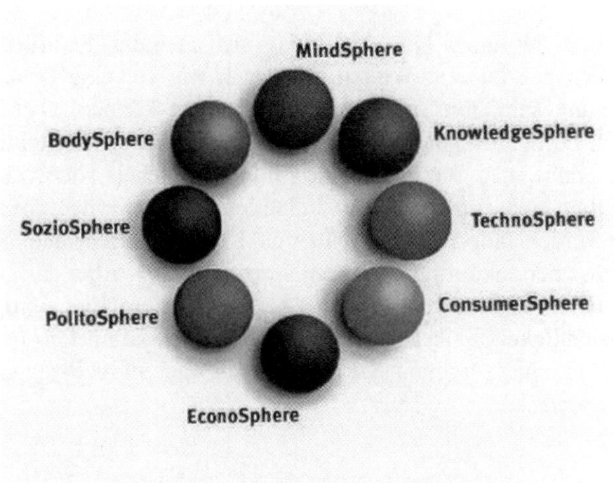

Abb. 1: Das Sphärensystem

Das Zukunftsinstitut geht davon aus, dass die Industriegesellschaft von der Wissensgesellschaft abgelöst wird. Damit verabschiedet man sich von der Vorstellung, dass ein Mensch zu einem bestimmten Zeitpunkt seines Lebens „aus“-gelernt hat, dass er „aus“-

4 Dieses und auch die folgenden Zitate und Modelle stützen sich auf: http://www.zukunftsinstitut.de.

gebildet ist, dass er die Schule be-„ende“-t hat und somit der weitere Lebensweg klar und eindeutig festgelegt ist. Die Wissensgesellschaft fordert ein neues Verständnis von Lernen. Dieses Lernen geht über die Institutionen Schule und Universität hinaus und findet auch und gerade im Beruf, in der Praxis und natürlich auch im Privatleben statt. Heutzutage kann es sich niemand mehr erlauben, nach Beendigung seiner Lehre, seiner Berufsausbildung oder seines Studiums auf dem erreichten Niveau stehen zu bleiben. Ständig neue Herausforderungen im Beruf und im Privatleben zwingen jeden, täglich Neues zu erlernen: sei es die Bedienung des Fahrscheinautomaten der Straßenbahn, das Schreiben einer SMS oder den Umgang mit einem neuen Computerprogramm.

Und es muss Aufgabe der Schule sein, auf diese Bedingungen vorzubereiten.

2.2 Die Qualifikation

Eine Folge des neuen Lernens ist, dass sich auch die Qualifikationsanforderungen ändern. Wissen wird nach wie vor eine Grundvoraussetzung sein, um erfolgreich bestehen zu können, aber nicht mehr in Form abfragbaren Schulwissens. Ein überdurchschnittlicher Notenschnitt mag für den Eintritt ins Berufsleben von wichtiger Bedeutung sein, um erste Auswahlhürden zu überwinden, im Beruf selbst werden andere Kriterien über die Karriere entscheiden. Natürlich muss der zukünftige Mitarbeiter etwas wissen. Aber das genügt nicht. Hinzu kommen müssen Energie, Engagement, Eigeninitiative, Eigenständigkeit, Selbst-Management, Mobilitätskompetenz usw ...

Und es muss Aufgabe der Schule sein, auf diese Bedingungen vorzubereiten.

2.3 Der Wandel der Funktion des Wissens

In diesem Zusammenhang muss auch der Wandel der Funktion des Wissens betrachtet werden. In einer agrarischen Welt war Wissen in erster Linie Erfahrungswissen über die Gesetze der Natur, das über Generationen von Alt nach Jung weitergegeben wurde.

In der industriellen Welt ist insbesondere Wissen, das sich mit Innovation verbindet, eher unflexibel. Innovationen bedeuten Veränderungen: Fabriken und Fertigungsstraßen wurden mit einem hohen Kapitalaufwand errichtet und müssen daher über lange Zeit betrieben werden, um sich auszuzahlen. Das bedeutet, dass sich Veränderungen nur sehr langsam durchsetzen.

Im Wissenszeitalter erfolgt eine rapide Veränderung des Wissens, es wird in Netzwerken organisiert und über den ganzen Erdball getragen. Somit entsteht überall ein hoher Innovationsdruck.

Und es muss Aufgabe der Schule sein, auf diese Bedingungen vorzubereiten.

2.4 Die Intelligenz

Auch die Intelligenz wird in der Wissensgesellschaft neu definiert werden. Es wird ein Wandel stattfinden „von der funktionellen zur mehrdimensionalen Intelligenz".

Man wird z.B. von technischer Intelligenz sprechen, die notwendig ist, um neue Technologien zu beherrschen, von ökonomischer Intelligenz, die es ermöglicht, wirtschaftliche Prozesse zu durchschauen, von medialer Intelligenz, die über den sinnvollen Umgang mit Medien entscheidet und damit die Fähigkeit ist, die das lebenslange Lernen organisiert.

Und es muss Aufgabe der Schule sein, auf diese Bedingungen vorzubereiten.

2.5 Die Veränderungen der Arbeitswelt

Im Zeitalter des Industrialismus war es notwendig, den Einzelnen langfristig an das Unternehmen und seinen Arbeitsplatz zu binden. In der Wissensgesellschaft wird die Arbeit „in neuen Kontrakten organisiert, die auf Teamwork und Projektorientierung abzielen, die flexibler, prekärer, aber auch kreativer gestaltbar sind. ... Statuseliten verschwinden zugunsten von Funktionseliten. Das neue Kriterium heißt nicht mehr: Wer passt sich am besten an, sondern: Wer hat die besten Problemlösungsideen bzw. wer ist konstruktiv, kreativ."[5]

Und es muss Aufgabe der Schule sein, auf diese Bedingungen vorzubereiten.

5 Horx, Matthias: Das Neue Lernen. Von der belehrten zur lernenden Gesellschaft. Anmerkungen zum wichtigsten Wertewandel unserer Tage. Rede gehalten anlässlich des 2. NetzWorkShop Schule & Wirtschaft, o.O., o.J., S. 11.

- „Fachübergreifende Kompetenzen – Arbeiten in entgrenzten Unternehmensbereichen“:[6]
  Eine bestimmte, lebenslange Zuständigkeit für einzelne Bereiche wird es in Zukunft nicht mehr geben. Stattdessen werden Abteilungs- und sogar Unternehmensgrenzen immer unschärfer und ein prozessorientiertes Denken wird Einzug halten. Ein ständiger organisatorischer Wandel wird zur Normalität. Dies bedeutet, dass jeder neben einem soliden Basiswissen die Fähigkeit hat zu bereichübergreifenden Denk- und Arbeitsprozessen.
- „Die Wirtschaft braucht den $W+E^3$-Mitarbeiter – Wissen gepaart mit Energie, Engagement und Eigeninitiative bilden den Kern.“
  Wesentlich hierbei ist, dass der Mitarbeiter seine Aufgaben mit hoher Eigenmotivation angeht und löst. Dabei spielt es keine Rolle, ob Kreativität, analytische oder soziale Kompetenzen einzusetzen sind. Das vorhandene Wissen wird intelligent und umsetzungsorientiert genutzt.
- „Wissensbasierter Wettbewerb – der gestaltende Mitarbeiter steht im Mittelpunkt der unternehmerischen Gesellschaft.“
  Die Unternehmen benötigen für den wissensbasierten Wettbewerb der Zukunft Mitarbeiter, die in der Lage sind, komplexe Herausforderungen zu meistern. Dazu sind unternehmerisch denkende Mitarbeiter in erfolgsentscheidenden Positionen der Unternehmen notwendig, um eine erfolgreiche Zukunft zu sichern.

Und es muss Aufgabe der Schule sein, auf diese Bedingungen vozubereiten.

6 Boston Consulting Group: Die Zukunft bilden, S. 5f. Zu den folgenden Ausführungen dient diese Studie ebenfalls als Grundlage.

3 Folgerungen für die Bildung – Herausforderung an das Bildungswesen

Die amerikanische Zukunfts-Zeitschrift *The Futurist* nennt fünf Herausforderungen, die einen Wandel im Bildungswesen ermöglichen:

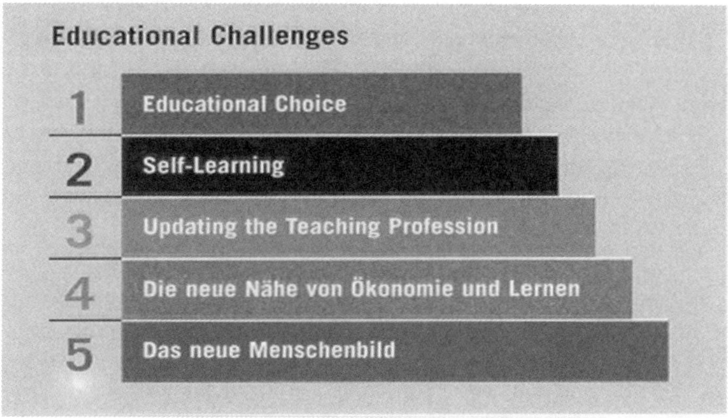

Abb. 2: Educational Challenges[7]

3.1 Educational Choice

Eine Vielzahl unserer Schulen verschließt sich immer noch dem Thema Evaluation bzw. beginnt erst langsam, sich damit zu beschäftigen. Das heißt auch: Es fehlt ihnen an Rückkoppelungsschleifen bzw. Feedback. Die Folge davon ist: „Die Institution des Lernens lernt nicht.“[8] In einer Schule der Zukunft müssen solche Instrumente zur Selbstverständlichkeit werden, die dazu dienen, die

7 The Futurist, zitiert nach Horx, Matthias: Das Neue Lernen, S. 14. Zu den folgenden Ausführungen diente diese Rede ebenfalls als Grundlage.

8 Horx, Matthias: Das Neue Lernen, S. 15.

Qualität der Schule ständig weiter zu verbessern. Das bedeutet, dass Eltern und Schüler gesteigerten Wert auf Professionalität an der Schule legen werden.

3.2 Self-Learning

Die Zukunft des Lernens wird sich in doppelter Hinsicht verändern. Schüler müssen lernen, sich aus ihrer passiven Rolle des Konsumenten zu lösen. Sie müssen ihren Lerneinsatz, ihr Lerntempo, ihre Interessen selbst bestimmen. Der Lehrer muss lernen, sich von der Rolle des Alleinunterhalters zu lösen und den Schülern einen eigenverantwortlichen Unterricht zu ermöglichen und zu organisieren.

Von ganz entscheidender Bedeutung hierbei ist, dass die Verantwortung für den Lernprozess beim Schüler liegt. Es ist nun nicht mehr der Lehrer, der dem Schüler nichts beigebracht hat, sondern der Schüler selbst war nicht in der Lage, seinen eigenen Lernprozess zu steuern. Dies bedeutet nicht nur für Lehrer, sondern auch für Schüler und ebenso für Eltern einen erheblichen Umdenkungsprozess.

3.3 Updating the Teaching Profession

Es soll hier nicht das alte Lied von den überalterten Lehrerkollegien gesungen werden, die unflexibel ihren Frontalunterricht durchziehen. Es soll aber auch nicht abgestritten werden, dass es solche Zustände gibt. Klar ist, dass auch Kollegien mit höherem Altersdurchschnitt sich auf den Weg gemacht haben, das neue Lernen zu lernen. Etwas, was sie in ihrer Ausbildung nie mitbekommen haben, lernen sie durch Fortbildungen oder durch Gespräche mit jungen Kollegen. Um ein wirklich lernendes System zu erzeugen, wäre es aber wichtig, möglichst viele Kollegen zu einem Umdenken zu bewegen. Ein solches Unterfangen braucht Zeit.

3.4 Die neue Nähe von Ökonomie und Lernen

Die Wirtschaft erkennt – zumindest teilweise –, welche grundlegende Funktion die Schule für ihre zukünftigen Beschäftigten hat. Man geht immer mehr aufeinander zu, was deutlich erkennbar ist an einer Vielzahl von Projekten, die Schule und Wirtschaft gemeinsam durchführen. Man ist inzwischen soweit, dass sich unter der Organisation der Boston Consulting Group und der Bertelsmann Stiftung diese Organisationen austauschen, um voneinander zu lernen,[9] da man übereinstimmend der Meinung ist, „dass die Strukturen der modernen Wirtschaft in der Schule zu wenig Beachtung finden.“[10] In dem Maße, wie Schüler die Strukturen der Wirtschaft erkennen, kann ihnen die Wirtschaft auf der Gegenseite vermitteln, welche Forderungen an die zukünftigen Mitarbeiter gestellt werden.[11] Der Wirtschaft wird dabei deutlich, dass es ein Trugschluss ist zu meinen, dass mehr Computerpower mehr Produktivität bedeutet. Noch immer ist der Computer nur so intelligent wie der, der ihn bedient.

3.5 Das neue Menschenbild

Wie erwähnt, wird man in Zukunft nicht mehr davon ausgehen, dass der Mensch zu einem bestimmten Zeitpunkt seines Lebens „aus“-gelernt hat. Jeder Tag wird ihn in neue Situationen bringen, in denen er lernt. Einen „fertigen“ Menschen, der seinen festen Platz im Leben ab einem bestimmten Zeitpunkt einnimmt – so wie ihn vielleicht das klassische Bildungsideal wünscht – wird es nicht mehr geben. Horx behauptet:

Die Revolution, die vor uns liegt, wird stattgefunden haben, wenn:

Die Schule an die Börse geht und damit ihre Talente bewerten lässt.

Wenn Stundenpläne aussehen wie der folgende: Es wird sich dann nicht um einen Stundenplan im herkömmlichen Sinn handeln, in der die Schulwelt in Stunden eingeteilt wird. Dies halte ich in der Zukunft für sehr schwierig. Es werden vielleicht solche Tage sein:

9 Vergl. hierzu http://www.netzworkshop.de.

10 Kriebel, Joachim: business@school. Die Zusammenarbeit Schule-Wirtschaft. In: Lehren und Lernen. Zeitschrift des Landesinstitutes für Erziehung und Unterricht Stuttgart, Nr. 9, September 2000, S. 12.

11 Vergl. hierzu S. 6f. dieser Arbeit.

Montag: Rhetorik und Selbstwahrnehmung
Übung von Ausdruck und Zuhören, Überzeugungsarbeit, Widerspiegelungstechniken, Akzentuierung von Botschaften mithilfe von Körpersprache, Selbstwahrnehmung und Selbst-Respekt, Annäherungen an den Begriff der Emotionalen Intelligenz etc.
Dienstag: Media Skills
Welche Medien werden für welchen Zweck eingesetzt? Welches sind die geheimen Stimmen der Medien? One-to-One-Medien in der Praxis; wie finde ich den „Ausknopf?"
Mittwoch: Empathie
Oder vielleicht gut oder böse. Sagen wir einmal, an diesem Mittwoch behandeln wir das Thema: Ist Aggression positiv oder negativ? Damit kann man schon einen ganzen Vormittag verbringen. Ein anderes Thema wäre: Wie gehen wir mit Elternscheidung um?
Donnerstag: Cool Logik
Mathematik als Erzählung des Universums über sich selbst. Der Gesang der Wale als mathematisches Exempel.
Freitag: Metabolics und Bodywork
Bin ich schön? Und warum? Was hat Schönheit mit Rhythmus, Muskeln und Ernährung zu tun? Eine Erfahrungsreise in den Körper.

Abb. 3: Stundenplan[12]

12 Horx, Matthias: Das Neue Lernen, S. 22.

4 Kritische Wertung

Die dargestellten Ansätze aus dem Bereich der Wirtschaft und der Zukunftsforschung verdeutlichen, dass dringend ein Erneuerungsprozess durchlaufen werden muss, der vielerorts schon angefangen hat, wohl aber in nicht absehbarer Zeit – vielleicht auch nie – zu einem Ende finden wird. Viele der Ideen der Zukunftsforschung zeigen, dass Schule auf dem richtigen Weg ist. Es bleibt sehr zu hoffen, dass die Revolution nie so weit führen wird oder muss, dass Schulen sich an der Börse etablieren. Schulen sind immer noch – und werden es hoffentlich auch immer bleiben – Institutionen, die nicht auf finanzielle Gewinne ausgerichtet sind. Müssen sie sich dem Diktat der Börse unterwerfen, werden zwangsläufig Gesichtspunkte eine Rolle spielen, die nicht unbedingt dem Wohle der Schulgemeinde dienen.

Der vorgelegte Stundenplan und der Gedanke, dass Lehrer mit solchen Plänen um Schüler werben, erscheinen ebenfalls als falscher Weg. Nach wie vor muss die Schule den Schülern ein erhebliches Maß an Basiswissen vermitteln. Dieses Wissen wird durch einen Lehrplan, ein Curriculum oder Standards festgelegt. Es kann nicht im Interesse einer Gesellschaft liegen, dass wir eine Herde von Fachidioten ausbilden, deren Horizont nicht über das eigene Gebiet hinausgeht. Wie kann ein Naturwissenschaftler die Folgen seiner Forschungen bewerten, wenn er keine Ahnung von Religion oder Ethik, Geschichte oder Literatur hat? Der Einblick in diese Gebiete zeigt ihm die Auswirkungen seines Handelns auf. Wie kann man mit anderen Völkern Kontakt aufnehmen, wenn man nicht bereit ist, deren Sprache zu lernen? Wie kann ein Geisteswissenschaftler ökologische Maßnahmen beurteilen, wenn er sich nicht in den Grundzügen von Chemie und Biologie auskennt. Dieser Ansatz spricht keineswegs gegen eine Spezialisierung in bestimmten Fächern.

Er spricht dafür, eine Grundbildung für alle einzufordern.

Er spricht dafür, diese Grundbildung dem Schüler plausibel zu machen.

Er spricht dafür, dem Schüler diese Grundbildung mit modernen Methoden zu vermitteln.

Er spricht dafür, diese gelernten und eingeübten Methoden sowohl bei einem weiteren allgemeinen Lernen als auch bei einem spezialisierten Lernen einzusetzen.

Auf diese Art und Weise wird es gelingen, Schüler auf ihr zukünftiges Leben vorzubereiten. Dieses Leben wird durch „Lebenslanges Lernen“ geprägt sein.

5 Das „Lebenslange Lernen"

5.1 Grundlegende Vorüberlegungen zum „Lebenslangen Lernen"

Der Blick in die Zukunft zeigt, dass die Schule in allen gesellschaftlichen Bereichen gefordert ist. Im Folgenden wird einzig und allein das ureigenste Feld der Schule betrachtet: das Lernen.[13]

Es ist deutlich geworden, dass man sich vom dem Gedanken verabschieden muss, der Mensch sei zu irgendeinem Zeitpunkt seines Lebens „aus"-gebildet. Schüler müssen darauf vorbereitet werden, im Laufe ihres Lebens ihr Wissen selbstständig zu erweitern.

Dies bedeutet, dass man die Einstellung der Menschen zum Lernen grundsätzlich verändern muss. Nicht nur das Durchlaufen eines planmäßigen Bildungsganges ist wichtig. Mindestens ebenso bedeutend ist ein aktives, auch informelles Lernen.

Die OECD-Bildungsminister drücken dies in der Abschlussdokumentation eines ihrer Treffen folgendermaßen aus:

> Es geht nicht mehr nur darum, angebotsförderliche Rahmenbedingungen zu schaffen oder Jugendlichen und Erwachsenen eine zweite oder dritte Chance zur Qualifizierung zu geben. Es sind vielmehr die Lerninteressen und -bedürfnisse aller in das Zentrum der bildungspolitischen Strategie zu stellen, d.h. alle sollen vorbereitet, motiviert und aktiv unterstützt werden, lebenslang zu lernen.[14]

13 Wesentliche Anregungen verdanken die folgenden Ausführungen: Bund-Länder-Kommission für Bildungsplanung und Forschungsförderung: Materialien zur Bildungsplanung und zur Forschungsförderung Heft 88: Lebenslanges Lernen. Programmbeschreibung und Darstellung der Länderprojekte, Bonn, 2001.

14 OECD: Meeting of the Education Committee at Ministerial Level, 16.–17. January, Paris 1996, S. 15, zitiert nach Materialien zur Bildungsplanung und zur Forschungsförderung Heft 88: Lebenslanges Lernen, S. 7.

5.2 Begriffsdefinition

Die Bezeichnung „lebenslang“ erinnert stark an den Begriff „lebenslänglich“, der sehr negativ besetzt ist: „Lebenslängliche Bindung“ oder „lebenslängliche Haft“ versprechen nicht immer Gutes, zumal viele Menschen mit dem Lernen in der Schule keine gute Erfahrungen gemacht haben und sich scheuen, diese Form des Lernens weiterzuführen.

Somit ist zunächst klar, was „lebenslanges Lernen“ nicht sein kann: eine Verlängerung des bisher in der Schule vielfach praktizierten Lernens über den Schulabschluss hinaus. Eine derartige Auffassung würde der neu gestellten Aufgabe nicht gerecht.

„Lernen“ in neuer Sicht – und damit „lebenslanges Lernen“ – fordert eine Veränderung der Sichtweise des Lernens ebenso wie einen Wandel in den Einstellungen von Lernenden und Lehrenden.

Mit der Aufforderung zum lebenslangen Lernen wird als grundlegendes Prinzip zur Gestaltung der Lernprozesse die Eigenverantwortung des Lernens neu bestimmt: Die Eigenverantwortung der Lernenden wird zum Grundprinzip des Lernens. Damit sind umfassende organisatorische, curriculare und didaktisch-methodische Veränderungen auf allen Ebenen des Bildungssystems verbunden. Der Prozess des eigenverantwortlichen und selbstgesteuerten Lernens in der Schule, Ausbildung und Weiterbildung erhält zentrale Bedeutung.[15]

Von entscheidender Bedeutung ist hier der Begriff „Verantwortung“. Der Lernende ist selbst verantwortlich, was, wie, wann, wo usw. er lernt. Einschränkungen kann es höchstens – z.B. zeitlich oder räumlich – durch entsprechende Organisationsformen geben.

Das heißt, die Verantwortung wechselt den Besitzer. War es und ist es heute häufig immer noch so, dass Schüler dem Lehrer vorwerfen, ihnen nichts beigebracht zu haben, so wird es in Zukunft immer mehr der Schüler sein, der sich selbst Vorwürfe machen muss, im Rahmen seines – selbstgesteuerten – Lernens Fehler gemacht zu haben. Zusammengefasst wird selbstgesteuertes Lernen so verstanden:[16]

Selbstgesteuertes Lernen wird umfassend auf formelles und informelles Lernen bezogen.[17]

15 BLK: Materialien zur Bildungsplanung und zur Forschungsförderung, Heft 88: Lebenslanges Lernen, S. 8.

16 Vergl. BLK: Materialien zur Bildungsplanung, Heft 88: Lebenslanges Lernen, S. 9 f.

17 BLK: Materialien zur Bildungsplanung, Heft 88: Lebenslanges Lernen, S. 9.

Das bedeutet, dass in allen Bildungs- und Lebensbereichen selbstgesteuertes Lernen vorkommen kann und im Sinne des lebenslangen Lernens gefördert werden muss.

Selbstgesteuertes Lernen ist kein Gegenbegriff zum fremdgesteuerten Lernen.[18]

Man muss sich grundsätzlich davon verabschieden zu glauben, dass effektives Lernen nur durch Fremdsteuerung zu erreichen ist. Es entscheidet immer der Lernende, unabhängig von der Situation, ob, was und wie viel er lernt.[19]

Auf der anderen Seite darf man auch nicht den Fehler begehen zu glauben, selbstgesteuertes Lernen sei ein Lernen ohne Rahmenbedingungen und Fremdeinwirkungen. Auch selbstgesteuertes Lernen fordert bestimmte Strukturen. Allerdings sind die Rahmenbedingungen beim selbstgesteuerten Lernen – entsprechend der neuen und erweiterten Kompetenzanforderungen – anders als beim traditionellen fremdgesteuerten Lernen. Der Lernende soll nicht nur das Wissen an einem bestimmten Stoff erwerben, er muss darüber hinaus auch die Möglichkeit haben, sein Lernen selbst zu bestimmen. Es muss in der Verantwortung des Lernenden liegen, ob und wie er Lernabläufe verändert und sie somit für sich verbessert, wie er bei der Lösungsfindung vorgeht und welche Ziele er – möglicherweise zusätzlich zu bereits vorgegebenen Zielen – festlegt. Auch die Frage der Dokumentation des Lernprozesses und entsprechende Schlussfolgerungen für zukünftiges Lernen spielt in diesem Zusammenhang eine wesentliche Rolle.

Der Lernerfolg wird dabei durch Zielvereinbarungen und ein wirksames pädagogisches Controlling gesichert.[20]
Selbstgesteuertes Lernen ist kein beliebiges Lernen. Auch selbstgesteuertes Lernen ist immer kontextgebunden.[21]

Ergebnisorientierte Rahmenbedingungen sind – zumindest für das Lernen in der Schule – grundlegende Voraussetzungen. Diese Rahmenbedingungen heben die Selbststeuerung des Lernenden keines-

18 Ebd.

19 Vergl. hierzu und zu den folgenden Aussagen auch die Ausführungen von Arnold und Schüßler in: Arnold, R.: Leadership und Lernkulturwandel I, Fernstudium Schulmanagement, Studienbrief SEMO110, Kaiserslautern, 2000 und Schüßler, I.: Leadership und Lernkulturwandel II, Fernstudium Schulmanagement, Studienbrief SEMO120, Kaiserslautern, 2000.

20 BLK: Materialien zur Bildungsplanung, Heft 88: Lebenslanges Lernen, S. 9.

21 Ebd.

wegs auf, sorgen aber dafür, dass das selbstgesteuerte Lernen ergebnis- und zielorientiert wird. „Selbstgesteuertes Lernen stärkt die Eigenverantwortung der Lernenden."[22]

Wie bereits oben erwähnt, wechselt die Verantwortung den Besitzer, denn derjenige, der sein Lernen selbst steuert, muss auch die Verantwortung über Erfolg oder Misserfolg des Lernens übernehmen. Damit wird auch die Organisation bzw. die Steuerung des eigenen Lernens ins Bewusstsein gerufen und zum Lerngegenstand. Informationen über die Steuerung und Rückmeldungen über den Erfolg des Lernens und damit der Steuerung rücken in den Blickpunkt. „Selbststeuerung stellt die Verbindung her zwischen dem Lernen und der kontinuierlichen Verbesserung des Lernens durch den Lernenden selbst."[23]

Somit wird deutlich, dass selbstgesteuertes Lernen – wie es hier beschrieben wurde – wesentlich komplexere Lernergebnisse liefert als das bisherige Lernen. Neben dem Erwerb von Faktenwissen, muss sich der Lernende in entscheidendem Maße mit dem Lernprozess selbst auseinandersetzen. Die Lernenden „müssen Eigeninitiative ergreifen, selbständig planen, organisieren und koordinieren, sich eigenständig motivieren und evaluieren."[24]

5.3 Fazit

Diese Art des Lernens wird wohl die Zukunft unserer Schule sein. Die Befürchtung, die in manchen Kollegien geäußert wird, damit werde der Lehrer unnötig, denn jeder lerne ja nun für sich, entbehrt jeder Grundlage.

Sicher ist, dass die Rolle des Lehrenden sich ändern muss. Seine Aufgabe muss es sein, dem Lernenden Anleitung und Unterstützung zu geben, ihn zu beraten und zu ermutigen, ihn auf Fehler hinzuweisen.

Verabschieden muss sich der Traditionalist auch von dem Glauben, alle könnten zur gleichen Zeit ein- und dasselbe lernen. Das selbstgesteuerte Lernen bietet jedem die Möglichkeit, sich ein spezielles Wissen anzueignen, das sich an seinen Interessen orientiert.

22 Ebd., S. 10.
23 Ebd.
24 Ebd.

Allerdings bedeutet dies nicht, dass sich Lernen in eine grenzenlose Beliebigkeit ausdehnt:

> Das bedeutet jedoch nicht, dass Wissen und Kenntnisse mit der Stärkung selbstgesteuerten Lernens in der Bildung an Bedeutung verlören. Erforderlich sind vielmehr ein konzentriertes und flexibel anwendbares Grundlagen- und Orientierungswissen und die Entwicklung der Schlüsselkompetenzen für ein konstruktives Weiterlernen.[25]

Wenn es gelingt, in der Schule diese Art des selbstgesteuerten Lernens überzeugend zu lehren, wird es möglich den Schülern ihr eigenes Lernen bewusst und überprüfbar zu machen. Sie werden nicht auf einem zufällig erreichten, durch Versuch und Irrtum gewonnenen Lernniveau stehen bleiben. Sie werden die Verantwortung übernehmen für den Erwerb neuer Kenntnisse und werden diese Verantwortung mit in ihr Leben nach der Schule nehmen. Wenn dies gelingt, wechselt der Schwerpunkt der Bemühungen vom zu behandelnden Stoff zur lernenden Persönlichkeit und ihrem subjektiven Vorgang des Lernens.

25 BLK: Materialien zur Bildungsplanung, Heft 88: Lebenslanges Lernen, S. 11.

6 Jetztzustand

Pisa hat einer breiten Öffentlichkeit die (Miss-) Erfolge des deutschen Bildungssystems verdeutlicht.

Einer der Hauptgründe hierfür ist nach unserer Ansicht ein derzeit noch immer vorherrschender Ansatz schulischen Lehrens und Lernens.[26] Folgende Defizite werden u.a. beschrieben:

- Der Unterricht ist üblicherweise zu inhaltszentriert und zu wenig verständnisorientiert.
- Der Unterricht ist im Durchschnitt zu stoffabhängig und zu wenig begabungsabhängig.
- Der Unterricht ist in der Regel didaktisch zu wenig variabel.[27]

Zusammenfassend ergibt sich folgende Leitthese: „Die Schule vernachlässigt in der Praxis häufig die Verfolgung übergeordneter Lern- und Bildungsziele."[28]

Und dies, obwohl die – oft gescholtenen – Lehr- und Bildungspläne dies schon seit Jahrzehnten fordern; so z.B. der Bildungsplan für das Gymnasium (Baden-Württemberg) aus dem Jahre 1994: „Jede Unterrichtsgestaltung zielt somit darauf ab, Schülerinnen und Schüler zu eigenverantwortlichem, selbständigem und zielgerichtetem Arbeiten zu erziehen."[29]

Oder noch deutlicher im Bildungsplan Kursstufe 2001: „Die Schülerinnen und Schüler sollen zunehmend dazu befähigt werden,

26 Die folgenden Ausführungen wurden wesentlich beeinflusst durch: Häcker, Th.: Portfolio. Ein Lern-, Lehr- und Evaluationsinstrument, Vortrag bei der schulinternen Fortbildung des Gauß-Gymnasiums, 12.9.2001.

27 Vergl. hierzu Weinert, F.E.: Die fünf Irrtümer der Schulreformer, in: Psychologie Heute 7/1999, S. 28–34.

28 Häcker, Th.: Portfolio. Ein Lern-, Lehr- und Evaluationsinstrument, 12.9.2001; vergl. auch Horster, L. / H.-G. Rolff: Unterrichtsentwicklung. Grundlagen, Praxis, Steuerungsprozesse, Weinheim, Basel, 2001 S. 18 und Labudde, P.: Thesen zur Steigerung der Effizienz des mathematisch-naturwissenschaftlichen Unterrichts. Thesenpapier im Rahmen der Fachtagung „Sicherung und Entwicklung der Qualität des mathematisch-naturwissenschaftlichen Unterrichts an allgemeinbildenden Schulen, unveröffentlichtes Manuskript, 1998.

29 Kultus und Unterricht, Amtsblatt des Ministeriums für Kultus und Sport Baden-Württemberg, Lehrplanheft 4/1994, S. 11.

für ihr Lernen selbst verantwortlich zu sein, in der Bewältigung anspruchsvoller Problemstellungen ihre Kompetenzen zu erweitern, um so individuelle und dauerhafte Lernkompetenzen aufzubauen."[30] Schüler sollen befähigt werden, „eigenverantwortlich zu planen, persönliche Entscheidungen zu treffen und selbständig zu handeln."[31]

Um diesen Zielen gerecht werden zu können, bedarf es einer Um- und Neuorientierung im Bereich der Schule und des Unterrichts.

30 Kultus und Unterricht, Amtsblatt des Ministeriums für Kultus, Jugend und Sport Baden-Württemberg, Lehrplanheft 3/2001, S. 6.

31 Ebd.

7 Folgerungen für die Schule

7.1 Die Qualität des Lernens verbessern

Um zu erkennen, wie die Qualität des Lernens verbessert werden kann, gilt es zunächst einmal zu klären, was der Begriff „Lernen" bedeutet.[32]

Zur Erklärung des Begriffes „Lernen" müssen beobachtbare Erscheinungen mit nicht zu beobachtenden, hypothetischen Vorgängen in Einklang gebracht werden. Erst, wenn man mit Hilfe von Theorien und Modellen diese Lernprozesse genauer zu deuten versucht, wird aus Lernen ein „Erklärungsprinzip".[33] Lernen ist immer nur Mittel, nie aber Zweck. Also ist die wesentliche Frage, die in der Diskussion um die Qualität des Lernens gestellt werden muss: Warum und woraufhin lernen Menschen überhaupt? Nur wenn man berücksichtigt, welche Zwecke man erreichen wollte, kann man die Qualität des Lernens richtig einschätzen.

Unserem Ansatz „liegt ein subjekttheoretisch inspiriertes Lernverständnis zugrunde",[34] wie es in der Subjekttheorie Klaus Holzkamps[35] zum Ausdruck kommt. Holzkamps Überlegungen gehen dahin, dass jeder Mensch ein elementares Lebensinteresse daran hat, Verfügung über die Welt zu erhalten bzw. Bedrohungen abzuwehren. Um Weltverfügung zu gewinnen ist es notwendig, Verfügung über individuell wesentliche gesellschaftliche Lebensbedingungen

32 Wesentliche Anregungen verdanken die folgenden Ausführungen: Dumke, J. / Th. Häcker / M. Schallies: Weiterentwicklung der Lernkultur, Pädagogische Hochschule Heidelberg, Institut für Weiterbildung, Informationsschrift Nr. 63, Wintersemester 2002/03, S. 8–18.

33 Simon, F. B.: Die Kunst, nicht zu lernen – Warum Ignoranz eine Tugend ist. In: Simon F. B. (Hrsg): Die Kunst, nicht zu lernen. Und andere Paradoxien in Psychotherapie, Management, Politik, Heidelberg, 1997, S. 148.

34 Dumke, J. / Th. Häcker / M. Schallies: Weiterentwicklung der Lernkultur, Pädagogische Hochschule Heidelberg, Institut für Weiterbildung, Informationsschrift Nr. 63, Wintersemester 2002/03, S. 9.

35 Vergl. hierzu und zu den folgenden Ausführungen: Holzkamp, K.: Lernen. Subjektwissenschaftliche Grundlegung. Einführung in das Hauptanliegen des Buches, in: Holzkamp, K. (Hrsg.): Schriften I, Hamburg, 1997, S. 255–276.

zu erhalten bzw. zu bewahren. Damit wird klar, was das Subjekt zum Lernen bewegt. Aus Holzkamps Sicht sind die geschilderten Lebensinteressen der Grund für die subjektiven Lerninteressen. Der Mensch lernt einerseits, um seine Handlungsmöglichkeiten zu erweitern, andererseits, um Bedrohungen und Beeinträchtigungen zu vermeiden. Also ist Lernen immer subjektiv begründet und nicht durch bestimmte veränderliche Größen bedingt.[36]

Die subjektiven Begründungen des Lernens lassen sich in expansive und defensive unterscheiden, die sich insbesondere durch ihre Motivation unterscheiden.

Expansives Lernen findet statt, wenn der Lernende den Lerngegenstand als sein eigenes Problem erkannt hat. Wenn es also gute Gründe gibt, etwas zu lernen, wird dies auch mit der entsprechenden Motivation getan. Das bedeutet, die Motivation ist dann besonders hoch, wenn ein deutlicher Zusammenhang zu erkennen ist zwischen dem zu lernenden Gegenstand und einer erhöhten Lebensqualität oder einer vergrößerten Verfügung über Lebensbedingungen.

Defensiv ist Lernen immer dann, wenn es nur geschieht, weil eine Unterlassung oder Verweigerung des Lernens für das Subjekt negative Folgen mit sich bringt.

Es verwundert nicht, dass schulisches Lernen häufig als defensives Lernen bezeichnet werden muss. Es geht eben Schülern nicht darum, besonders tief in einen Lerngegenstand einzudringen, es geht ihnen um gute Noten in der nächsten Klassenarbeit und im nächsten Zeugnis.

Eine Verbesserung der Qualität des schulischen Lernens lässt sich also dann erreichen, wenn es gelingt, in den Schulen immer weniger defensiv zu lernen. Es gilt eine Dominanz des expansiven Lernens zu etablieren.

7.2 Konsequenzen für den Unterricht

Wenn Einigkeit darüber besteht, dass wir unsere Schüler auf eine zukünftige Welt vorbereiten müssen und der richtige Weg der des expansiven Lernens ist, sind die alles entscheidenden Fragen:

Was müssen wir ihnen beibringen?
Wie müssen wir das tun?

36 Vergl. Holzkamp, K.: Lernen, Hamburg, 1997, S. 261.

Versuchen wir Antworten auf diese Fragen zu finden. Was müssen wir unseren Schülern beibringen? Hier sind drei Punkte wesentlich:

- Vermittlung intelligenten Wissens,
- Erwerb von Handlungskompetenzen,
- Erwerb metakognitiver Kompetenzen.[37]

Und wie soll das geschehen? Um intelligentes Wissen zu vermitteln, ist es notwendig, an ein bereits vorhandenes Vorverständnis anzuknüpfen. Es gilt, Erkenntnisse der Gedächtnisforschung zu nutzen, die belegen, dass neue Inhalte, die an bereits vorhandenem Wissen „andocken" können, wesentlich besser behalten werden als Inhalte, die diese Möglichkeit nicht haben. Das bedeutet für den Lehrenden eine zweifache Aufgabe: Einerseits muss er dem Schüler Anknüpfungspunkte für die Inhalte zeigen, die er ihm vermitteln will. Andererseits muss er dem Schüler verdeutlichen, wie es ihm selbst gelingt, diese Anknüpfungspunkte zu finden.

Aus dieser ersten Forderung ergibt sich fast selbstverständlich die zweite: Es muss ein systematischer Wissensaufbau erfolgen, der einen lebensweltlichen Bezug hat. Wenn Wissen systematisch vermittelt wird, werden sich automatisch immer wieder Anknüpfungspunkte an bereits vorhandenes Vorwissen finden lassen. Außerdem werden Kenntnisse dann besonders gut gespeichert, wenn man damit etwas anfangen kann, wenn deutlich wird, wofür man lernt. Das Herausfiltern von wesentlichen Informationen aus einem Text ist dann für einen Schüler von besonderer Bedeutung, wenn er seinen Videorecorder oder sein Handy programmieren will.

Die dritte Forderung ergänzt die erste und die zweite: Die Vermittlung des Wissens muss klar, strukturiert und variabel erfolgen und sie bedarf der Unterstützung. Die Bedeutung der Begriffe Klarheit und Strukturiertheit ergibt sich aus den bereits erwähnten Gründen. „Variatio delectat", das wussten schon die alten Römer und dies gilt natürlich auch für unsere modernen Schüler. Nichts ist langweiliger, als immer nach ein und demselben Muster vorzugehen. Schließlich muss dieses Lernen angeleitet und unterstützt werden. Denn ohne Unterstützung wird es einem jungen Menschen nur unter großen Mühen gelingen, intelligentes Wissen zu erwerben.

Es ist einleuchtend, dass Handlungskompetenzen dann erworben werden, wenn der Unterricht Anreize zum Handeln bietet. Dazu ist

37 Vergl. Horster, L. / H.-G. Rolff: Unterrichtsentwicklung, 2001, insbesondere S. 27–30 und Weinert, F. E.: Die fünf Irrtümer, 1999.

es wesentlich, dass an authentischen und offenen Problemen gearbeitet wird. Nur so können die Schüler auf spätere Anforderungen vorbereitet werden. Durch Projektunterricht bzw. durch projektartiges Arbeiten kann diese Forderung erfüllt werden.

Durch den Erwerb metakognitiver Kompetenzen wird der Schüler in die Lage versetzt, über seine Art des Lernens zu reflektieren. Für ihn bedeutet dies, dass er nicht mehr anhand eines vorgegebenen Rasters oder Zeitplanes lernen muss, sondern in die Lage versetzt wird, sein Lernen selbst zu regulieren und, daraus folgernd, sein Lernen und das Ergebnis seines Lernens selbst zu beurteilen. Für den Lehrer ergibt sich zunächst nur eine einschneidende Veränderung: Er muss Lehrfunktionen in Lernfunktionen umbauen.[38]

Steuerung
Strukturierung
Lehrer ——————→ Lerntätigkeit ←—— Schüler
Kontrolle
Beurteilung[39]

Abb. 4: Lehrfunktionen und Lernfunktionen

Die Abbildung 4 zeigt die Verschiebung der Prozesse. Zumindest zu Beginn des selbstständigen, eigenverantwortlichen Lernens verschiebt sich der Schwerpunkt nur von Seiten des Lehrers als Lehrendem auf die Seite des Schülers als Lernendem. Steuerung, Strukturierung, Kontrolle und Beurteilung werden noch stark von der Lehrerseite geprägt. Je weiter der Lernprozess aber fortschreitet, umso mehr (Mit-)Verantwortung wird in die Hände der Schüler gelegt. Schrittweise wird der Schüler lernen, sich selbst Lernziele zu geben, Lerngegenstände selbstständig zu erarbeiten, sein Lernen selbst zu kontrollieren und auch selbst realistisch einzuschätzen und zu beurteilen.

Das bedeutet, dass die Schule den Schülern auch die Möglichkeiten bietet, eigenverantwortlich und selbstgesteuert zu lernen. „Solches Lernen kann für das Leben der Lernenden bedeutsam werden, insofern sie sich selbst dafür entscheiden und Verfügung über die dafür notwendigen Lernbedingungen einfordern.“[40]

38 Vergl. Dubs, R.: Lehrerverhalten, Zürich, 1995, S. 265.

39 Ebd.

40 Dumke, J. / Th. Häcker / M. Schallies: Weiterentwicklung der Lernkultur, Pädagogische Hochschule Heidelberg, Institut für Weiterbildung, Informationsschrift Nr. 63, Wintersemester 2002/03, S. 11.

Deutlich wird hierbei, dass sich auch die Verantwortung für das Lernen und das Gelernte verschiebt. Den Lernenden wird nun ein hohes Maß an Selbstbestimmung im Lernprozess zugemutet. Sie sind damit auch für die Steuerung ihres Lernens zuständig. Ziel wird es sein, Verantwortung für Lernen und Gelerntes in hoher Ausprägung an den Lernenden zu übergeben.

Konkret wird dieser Prozess durch ein „Fading“[41] umgesetzt. Dies bezeichnet in der Tontechnik das Vorgehen, einen Ton auf- oder abschwellen zu lassen und ihn in den Vorder- oder Hintergrund zu stellen. So soll es auch mit selbstständigem, eigenverantwortlichem und angeleitetem Lernen geschehen. Notwendig ist dieses Fading, weil Schüler „in neuen Zusammenhängen zunächst einmal Inhalte und Methoden durch angeleitetes Lernen vermittelt bekommen müssen, bevor sie in der Lage sind, diese in selbstständigen Lernprozessen zu nutzen.“[42] Für die Lehrenden bedeutet dies, dass sie sich immer mehr aus dem direkten Unterrichtsverhalten zurückziehen müssen und über indirektes Unterrichtsverhalten hin zur Lernberatung gelangen. Es ist unbestritten, dass dies an die Lehrer hohe Anforderungen stellt und ein großes Repertoire im Lehrerverhalten voraussetzt, das zudem noch situationsgerecht eingesetzt werden muss.

41 Dubs, R.: Lehrerverhalten, Zürich, 1995, S. 264.
42 Horster, L. / H.-G. Rolff: Unterrichtsentwicklung, 2001, S. 157.

8 Das Lerninstrument „Portfolio“

8.1 Definition

Der Begriff Portfolio ist ausgesprochen vielschichtig. Bildende Künstler legen eine Mappe an, in der sie ihre besten Bilder und deren Entstehung dokumentieren. Architekten bewerben sich mit einem Portfolio, in dem sie die besten Arbeiten und Projekte, an denen sie beteiligt waren, zusammenstellen.

In der Finanzwelt bezeichnet der Begriff die Struktur und Entwicklung eines Vermögens und zeichnet alle finanziellen Transaktionen auf. Welche Aufgaben hat nun ein schulisches Portfolio? Melegranos Definition eines schulischen Portfolios zeigt Übereinstimmungen und Unterschiede auf:

Ein Portfolio ist eine dynamische zielgerichtete und systematische Sammlung von Arbeiten, die Bemühungen, Fortschritte und Leistungen des Lernenden in einem oder mehreren Lernbereichen darstellt und reflektiert.[43]

Paulson schlägt folgende Definition vor, die sich mit unserer Auffassung deckt:

Ein Portfolio ist eine zielgerichtete und planmäßige Sammlung von Unterlagen, die die persönlichen Anstrengungen, Weiterentwicklungen und Leistungen des Lernenden in einem oder mehreren Bereichen des Lernens aufzeigt und reflektiert. Im Portfolioprozess wird der Lernende an der Entscheidung über die Inhalte, der Festlegung der Bewertungskriterien und an der Bewertung der Qualität seiner eigenen Arbeit beteiligt.[44]

Schlicht und ergreifend definiert Collins: „A portfolio is a container of collected evidence with a purpose.“[45] Wenn man versucht,

43 Melegrano, V.: Portfolio Assessment: Documentino Authentic Student Learning. In: Journal of Physical Education, 8/1994, S. 52; zit. nach: Wellensiek, A. / A. Lembens / M. Schallies: Lernen mit dem Portfolio. Neue Qualifikationen erfordern neue Lehr- und Lerninstrumente., in: Unterricht Arbeit + Technik, 9/2001, S. 21.

44 Paulson, F. L., Paulson, P. R., & Meyer, C. (1991). What makes a portfolio a portfolio? Educational Leadership, 48(5), 60–63 (Übersetzung durch die Verfasser).

45 Collins, A: Portfolio for Science Education: Issues in Purpose, Structure, and Authenticity. In: Science Education 4/1992, S. 452, zitiert nach: Wellensiek, A. et. al: Lernen mit Portfolio, 2001, S. 21.

dies ebenso einfach auf Deutsch zu formulieren, kann man sagen: „Ein Portfolio zeigt den Lernprozess eines Schülers mit seinen Überlegungen dazu auf."

Der Lernende wird dabei unterstützt, all das in seinem Portfolio festzuhalten, was dazu beitragen kann, diesen Lernprozess klarer aufzuzeigen.

Das Portfolio wird für ihn zu einem wichtigen Mittel zur Überprüfung seiner Selbststeuerung und der Übernahme von Eigenverantwortung für seinen Lernprozess.

8.2 Entstehungsgeschichte[46]

Mitte bis Ende der achtziger Jahre gab es heftige Kritik am US-amerikanischen Bildungswesen. Als Folge daraus entstand eine Bildungsreformbewegung mit dem Ziel, die Qualität des schulischen Lernens zu verbessern. Um dieses Ziel zu erreichen, sollte der Anteil an selbstgesteuertem Lernen erhöht werden. Dies sollte vor allen Dingen durch eine verbesserte Aus- und Weiterbildung der Lehrer geschehen. Im Zuge einer konstruktivistisch geprägten Lerntheorie, die dem Vorwissen eine wichtige Rolle zuspricht, gewann der Portfolio-Ansatz immer mehr an Bedeutung.

Jedes neue Lernen, das als aktiver Konstruktionsprozess des Lernenden begriffen wird, baut auf vorhandenem Wissen auf, nutzt und verändert dieses. Dazu ist es notwendig, dass an authentischen, lebensnahen, herausfordernden und ergebnisoffenen Problemstellungen gearbeitet wird.[47] Dies bedeutet eine Abkehr vom traditionellen Unterricht, bei dem der Lernende sich einem Anwendungsfall gegenüber sieht, dem er sofort eine zuvor vermittelte Lösungsstrategie zuordnen kann.

8.3 Zweck des Portfolios

Ein Portfolio kann unterschiedlichen Zielen dienen. Sie zu bestimmen ist Aufgabe des Lehrers, die dafür geeigneten Mittel zu finden,

46 Vergl. zu diesen Ausführungen: Häcker, Th.: Portfolioarbeit in der Lehrer/innen-Bildung. Eine Literaturdurchsicht mit besonderem Blick auf deutsch- und englischsprachige Veröffentlichungen. In: journal für lehrerInnenbildung, 4/2001, S. 71ff.

47 Vergl. zu diesen Ausführungen auch Kap. 9.2.

ist Aufgabe seines Autors, des Lernenden. „Ein Portfolio kann als Lehr- und Lerninstrument, Instrument für authentische Lernerfolgskontrolle und als Forschungsinstrument eingesetzt werden."[48]

Häcker sieht des Weiteren ein Portfolio als „Entwicklungsinstrument", das „einen Beitrag zur pädagogischen Qualitätsentwicklung in unterschiedlichen pädagogischen Feldern"[49] leistet.

Der Zweck des Portfolios legt seinen Inhalt, die Auswahlprozesse der Dokumente und die Interaktion zwischen Lernenden und Lehrenden fest. Daher sind das Ziel und der Zweck einer jeden Portfolioarbeit vor Beginn offen zu besprechen, zu vereinbaren und verbindlich festzulegen.

Das Hauptaugenmerk bei der Arbeit mit Portfolios liegt auf der eigenverantwortlichen Problemlösung, der Reflexion des eigenen Lernprozesses und deren angemessener Darstellung und Dokumentation. Insofern können sich Portfolio-Methoden zu einem wichtigen Mittel entwickeln, die Lernenden helfen, stärker selbstreguliert zu lernen und mehr persönliche Kontrolle über den eigenen Lernprozess zu gewinnen, d.h. selbstgesteuert zu lernen.

Der Begriff Portfolio bezieht sich gleichermaßen auf das Produkt wie auf den Prozess. Die Selbstreflexion des Autors ist dabei das Herzstück des Prozesses.[50]

Da das Portfolio kein Selbstzweck ist, ist unbedingt erforderlich, dass es sinnvoll in den Lern-Kontext passt. Wie bereits erwähnt, dient als Ausgangspunkt immer eine offene, komplexe Fragestellung, ein Problem oder eine Aufgabe. Das Portfolio selbst stellt dabei den Nachweis über den Grad der Erreichung der (selbst-) gestellten Zielsetzung dar.

8.4 Vorgehensweise bei der Portfolioarbeit

Zunächst gilt es, sich über Zweck und Zielsetzung des Lehr-Lern-Arrangements klar zu werden. Sie müssen transparent und einsichtig sein. Nur dann sind sie für die individuellen Lernprozesse des Lernenden bedeutsam und können schriftlich fixiert werden. Die

48 Schallies, M. / A. Wellensiek / A. Lembens: Portfolio als Lehr- und Lerninstrument im problemorientierten Unterricht. In: Ethik & Unterricht, Zeitschrift für die Fächergruppe Ethik/Werte und Normen/LER/Praktische Philosophie, 3/2000, S. 30.

49 Häcker, Th.: Portfolioarbeit in der Lehrer/innen-Bildung, S. 70.

50 Ebd.

schriftliche Fixierung geschieht aus zwei Gründen: Zum einen dient sie als Grundlage der späteren Selbst- und Fremdbeurteilung. Zum anderen ist sie die Orientierungshilfe für den Lernenden bei der systematischen Verfolgung der gesetzten Ziele.

Nach Klärung des Zieles beginnt für den Lernenden die Arbeits- und Sammelphase. Durch kontinuierliches Sammeln und Erstellen von Unterlagen wird der Lernprozess nachvollziehbar. Dabei zeichnet sich ein gutes Portfolio durch eine große, aber reflektierte Vielfalt an Dokumenten aus.

Wesentlich für die Darstellung des Verlaufs des Lernprozesses ist das ‚mitwachsende Inhaltsverzeichnis'. In diesem wird nicht nur jedes neue Dokument aufgenommen, sondern auch vermerkt, wann und warum ein Dokument entfernt wurde (es könnte sich z.B. als nicht aussagekräftig genug erwiesen haben). Damit werden die einzelnen Entwicklungsschritte kenntlich gemacht.

Jedes aufgenommene Dokument erhält eine kurze Begründung, die festhält, was es inhaltlich zur Beantwortung der Fragestellung bzw. zur Lösung des Problems beiträgt und/oder was es über das eigene Vorgehen zeigt.

Hiermit wird deutlich, was ein Portfolio von einer Sammelmappe unterscheidet. Es geht nicht darum, unreflektiert möglichst viele Dokumente zu sammeln, es geht darum, die Dokumente auf ihren Gehalt zu prüfen und zu entscheiden, was dem Lernfortschritt hilft. Diese Art des Portfolios ist auch kein ‚showcase portfolio', in dem nur die besten Leistungen und Ergebnisse, z.B. eines Künstlers, enthalten sind. Es ist ein ‚process portfolio', das den Prozess, die Geschichte des Lernens erzählt und meistens auch Vorläufiges und weniger Gelungenes enthält, wenn es hilft, die Geschichte besser zu erzählen. Somit kann ein Portfolio durchaus Fehlerhaftes enthalten. Damit verlieren Fehler ihre Schrecken, denn Fehler und Nichtwissen sind die einzigen sinnvollen Ansatzpunkte für Lernen.

Komplexe, offene Fragestellungen und Aufgaben sind in der Regel sehr anspruchsvoll und erfordern ein Lernen auf unterschiedlichen Ebenen. Diese Lernprozesse auf verschiedenen Ebenen und in verschiedenen Bereichen können mit Hilfe des Portfolios belegt und damit nachvollziehbar gemacht werden. Daher sollte von Beginn der Arbeit an möglichst alles gesammelt und exakt notiert werden, was relevant für die Fragestellung ist und was unternommen wurde.

Am schwierigsten für die Schüler dürfte wohl die Darstellung bzw. Sichtbarmachung des eigenen Lernweges sein. Hierzu ist eine metareflexive Auseinandersetzung mit dem eigenen Vorgehen notwendig. Dies ist spätestens dann vonnöten, wenn das Portfolio in seine endgültige Form gebracht wird. Diese Selbstreflexion ist der wesentliche Punkt des Portfolioprozesses.

Um nochmals den Unterschied zwischen Portfolio und dem bloßen Sammeln von Arbeiten in einer Präsentationsmappe zu verdeutlichen: Es geht beim Portfolio um eine metakognitive Interpretation, die es ermöglicht, die Spuren des individuellen Lernprozesses zu sichern und in einer Abschlussreflexion Konsequenzen für das eigene Weiterlernen zu ziehen.

Eine sinnvolle Selbsteinschätzung, wie gut die Lernziele erreicht wurden, kann aber nur dann stattfinden, wenn zu Beginn des Prozesses die zu erreichenden Standards und Beurteilungskriterien transparent gemacht oder sogar gemeinsam festgelegt wurden. Dies sollte so weit führen, dass auch eine Schülerselbstbewertung in die Beurteilung einfließt. Das ist so abwegig nicht, ist doch Portfolioarbeit als kommunikativer Prozess angelegt. Die Lernenden haben geradezu die Pflicht, sich immer wieder mit Mitgliedern ihrer Lerngruppe, Lehrenden, Eltern und Experten über die Inhalte, den Stand der Arbeit sowie Möglichkeiten der Weiterarbeit auszutauschen und zu beraten. Diese Beratungen finden innerhalb und außerhalb des Unterrichts statt.

Am Schluss der Arbeit stehen die Einreichung des Portfolios und eine Präsentation ausgewählter Aspekte aus dem eigenen Lernprozess (Ergebnisse und/oder Prozesserfahrungen).

Wenn Portfolioarbeit konsequent gehandhabt wird, findet der Beurteilungs- bzw. Bewertungsprozess des Portfolios partizipativ und kommunikativ statt. Lehrender und Lernender tauschen sich also über die Beurteilung (auf der Grundlage des gemeinsam festgelegten Rasters) aus. Ein Schüler des Gauß-Gymnasiums formulierte dies so: „Portfolio ist eine tolle Sache, weil man nimmt uns ernst, man behandelt uns einfach wie Erwachsene.“[51]

8.5 Einsatz von Portfolios in der Schule

Durch den Einsatz von Portfolios in der Schule werden Unterricht und Schülerverhalten spürbar verändert. Lehrer und Schüler erleben

51 Die vorausgegangenen Überlegungen wurden maßgeblich beeinflusst durch: Häcker, Th.: Portfolios – Lerngeschichten der besonderen Art, Jahresschrift des Carl-Friedrich-Gauß-Gymnasiums Hockenheim 2001/02.

neue Formen des Lernens und des Lehrens, das traditionelle Lehrer- und Schülerbild verändert sich in diesem Rahmen.

Unter anderem ist das Portfolio ein hervorragendes Instrument zur Dokumentation und Evaluation von Projekten. Daher wird in den folgenden Ausführungen das „Projektportfolio“ im Mittelpunkt stehen.

In diesen Projekten werden Schlüsselqualifikationen wie Teamarbeit, Präsentations- und Recherchetechniken vermittelt, dazu kommt als weiterer überaus wichtiger Aspekt die Selbstreflexion des eigenen Lernprozesses durch die Schüler. Das Portfolio eignet sich dazu, projektartiges Arbeiten qualitativ abzusichern, es begleitet die Projektphase und vermag über die Selbstreflexion der Schüler ihren eigenen Lernprozess zu dokumentieren und damit auch gleichzeitig zu evaluieren. Somit befähigt man die Schüler zu einem planvollen und effektiven Vorgehen bei zukünftigen Lernprozessen, zu einer systematischen Lernstrategie.

Zu Beginn des jeweiligen Projekts gibt der Lehrer den Beteiligten die Rahmenbedingungen bekannt, dann verlässt er seine gewohnte Position und wird zum Lernberater der Schüler. Er nimmt sich bewusst zurück und überträgt den Schülern die Selbststeuerung und die Eigeninitiative für ihre Projektarbeit. Die Schüler werden sich durch den Einsatz des Portfolios der Eigenverantwortung für ihren persönlichen Lernprozess sehr genau bewusst.

Im Laufe eines solchen Projektes kann man eine Verstärkung der Motivation der Schüler, ihrer zunehmenden Eigentätigkeit und eine sich in hohem Maße entwickelnde Eigenverantwortung für das persönliche Lernen beobachten.

Der gesamte Lernprozess von der Themenfindung über die Materialsammlung und Auswertung bis zur Darstellung der Ergebnisse in einer Präsentation und im Portfolio sowie die Reflexion des eigenen Lernprozesses liegt nahezu vollständig in der Verantwortung der Schüler.

8.6 Zusammenfassung

In jüngeren Klassen der weiterführenden Schulen vermittelt ein Projektportfolio ein weites Feld an Methodenkompetenzen und Schlüsselqualifikationen wie z.B. Recherche, Beschaffung von Informationsmaterial, sinnerfassendes Lesen, Auswahl und Auswertung von Texten, außerdem Vermittlung von Präsentationstechniken und Methoden der Visualisierung.

Bei älteren Schülern werden die bekannten Methoden auf höherem Niveau in selbstständiger, eigenverantwortlicher Arbeit wiederholt. Die Themenstellung wird anspruchsvoller und von den Schülern wird eine deutlich vertiefte Darstellung des Sachverhaltes erwartet. Dies gilt sowohl für das Portfolio als auch für die Präsentation.

Als ausgesprochen nützlicher Nebeneffekt der Beschäftigung mit Portfolios zeigt sich das deutlich verbesserte Klima in der Klasse. Schüler arbeiten mit-, nicht gegeneinander, beraten ihre Klassenkameraden und lernen, kritisch, kompetent und nicht verletzend Feedback zu geben, der Lehrer ist Lernberater und dadurch Teil des gesamten Teams.

Bei mehrmaliger Durchführung der Portfolioarbeit ist zu erwarten, dass sich die Ergebnisse nach und nach verbessern. Insbesondere die Reflexionen über das eigene Lernen werden deutlich ausgereifter und präziser.

PRAKTISCHER TEIL

9 Portfolio als ein Mittel zur Förderung des „Lebenslangen Lernens“

Folgende Faktoren bilden die Grundlage aller Portfolioprozesse:

- selbstgesteuertes Lernen durch selbstbestimmte[52] Aufgabenstellung, dadurch bedingt die
- Öffnung von Unterricht,
- Verbesserung der Sozialkompetenz,
- Reflexion des Lernprozesses,
- Schülerselbstbewertung,
- Übernahme von Eigenverantwortung für das Arbeiten und den eigenen Lernprozess sowie ein überaus wichtiges Element:
- Nachhaltigkeit.

Für den Verlauf eines Projekts hat sich der Einsatz von Portfolios als projektbegleitendes Prozessportfolio bewährt.

Für den Schüler, der ein Projektportfolio zur Dokumentation und Evaluation seines Vorgehens im Projekt erstellt, gilt:

> *Wenn der Leser mein Portfolio durchliest, kann er meinem Lernweg folgen.*
> *Mein Portfolio sollte für den Leser wie ein Buch sein, in dem er meinen Lernweg von Anfang bis Ende des Projekts nachvollziehen kann, er geht meine Wege und Umwege gedanklich mit und erkennt somit, wie ich gearbeitet habe.*

Um diesem Lernweg folgen zu können, sollten die Unterlagen des Projekts chronologisch eingeordnet werden. Vorläufiges und weniger Gelungenes, „Umwege“, „Irrwege“ und „Sackgassen“, werden ebenfalls im Portfolio aufgenommen, denn Fehler werden nicht verurteilt, sondern bilden einen sinnvollen Ausgangspunkt für weiteres Lernen.

52 In der Literatur gehen selbstbestimmt und selbstgesteuert zuweilen etwas durcheinander, aber viele Autoren definieren folgendermaßen:
– selbstbestimmt bedeutet inhaltliche Beteiligung des Schülers,
– selbstgesteuert betrifft eher den methodischen Aspekt des Lernens.

10 Der Portfolioweg – Elemente des Portfolios

Zu Beginn eines Projekts unter Portfoliobegleitung gibt der Lehrer den Schülern die Rahmenbedingungen bekannt. Dazu gehören der Zweck des Portfolios und das Ziel – eigentlich zwei Ziele, nämlich die Präsentation und die Portfolio-Abgabe.

Wichtig ist auch der genaue Zeitplan,[53] ebenso wie das „Dachthema“[54] des Projekts.

Nun schickt man den Schüler auf seinen Weg durch das Projekt, aber man lässt ihn dabei nicht allein, er bekommt Hilfe durch *Berater*. Er kann verschiedene Personenkreise um eine Beratung bitten:

- seinen Lehrer oder das Team, das das Projekt leitet (Lehrerberatung),[55]
- ein Mitglied seiner Familie (Beratung durch Familienmitglieder),
- Schüler, meistens Mitschüler, die ebenfalls im Projekt arbeiten, aber auch andere Schüler (Schülerberatung),
- Experten wie andere Lehrer oder Fachleute, z. B. aus dem Museum (Expertenberatung).

Zu Beginn erstellt der Schüler ein *mitwachsendes Inhaltsverzeichnis* für sein Portfolio.[56] Unbedingt erforderlich sind Titel und/oder Art des Dokuments sowie das Datum der Aufnahme ins Portfolio. In diesem Inhaltsverzeichnis wird alles aufgenommen, was auf dem Weg durch das Projekt an *Unterlagen* gesammelt wurde, z.B.:

- die Kontrolle der Forschungsfrage (grünes Licht),[57]
- Reflexionen (die Schüler nennen sie lieber Gedankenblätter),
- tagebuchartige Einträge, Protokolle, z.B. von Gruppentreffen, Unternehmungen, (vergeblichen) Bemühungen,
- alle Arten der Beratung,
- Mindmaps,
- Kopien und Mitschriften für das Projekt (aus den Projektstunden),

53 Siehe Kapitel 12.3.1 und 18.2.
54 Gestaltung des „Dachthemas“ des Projekts siehe 12.1.
55 Siehe Vorlagen (19.2–19.5).
56 Siehe S. 86 und Kapitel 17.2.
57 Siehe S. 70 sowie Vorlagen (19.1).

- Unterlagen, die zur Beantwortung der Forschungsfrage nötig sind, wie Kopien, Zusammenfassungen, Bilder, Fotos, selbstverfasste Texte, Entwürfe, Skizzen, ...
- E-Mails, ...

Dabei werden die Schüler dazu angehalten, verschiedenartige Quellen zu nutzen und die Zuverlässigkeit ihrer Informationen zu überprüfen. Außerdem sollen die Informationen bearbeitet und ausgewertet werden, auch sind unnötige Doppelungen an Informationen zu vermeiden bzw. diese zu entnehmen. Entnahmen werden im Inhaltsverzeichnis vermerkt (mit Datum der Entnahme und Begründung). Sinnvoll ist es, bereits an dieser Stelle auf die *Begründungen* zu den Unterlagen hinzuweisen, die die Schüler spätestens bei den Abschlussarbeiten zu allen Dokumenten anfertigen sollen.[58] Manchen Schüler fällt der Überblick über die gesammelten Informationen durch die Begründungen leichter.

Dann steht die Präsentation an. Im Vorfeld wurde mit den Schülern ein Raster zur Bewertung der Präsentation vereinbart.

Auch für die Bewertung des Portfolios ist es ideal, wenn vorher gemeinsam mit den Schülern ein Bewertungsraster für das Portfolio erstellt wurde.

Die *Präsentation* wird ebenfalls als eigenes Kapitel ins Portfolio aufgenommen. Darin enthalten sind möglichst alle in der Präsentation verwendeten Texte, Medien und Unterlagen.

In diesem Kapitel wird auch die eigene Fragestellung in einem zusammenhängenden, selbstverfassten Text beantwortet.

Nach der Präsentation hat der Schüler nun noch Abschlussarbeiten vor sich, die aus seiner Dokumentationsmappe endgültig ein Portfolio machen, denn gerade die Reflexion ist ein Herzstück des Portfolios.

Zu diesen reflektorischen Abschlussarbeiten gehören die *Begründungen*, die auf jedem Dokument der Unterlagen vorhanden sein sollen. Eine solche Begründung erklärt, warum gerade dieses Dokument im Portfolio aufgenommen wurde und was der Schüler dadurch Neues über sein Thema gelernt oder erfahren hat. Sie passt nur zu diesem Dokument.

Die Schüler sollen mit einem *Vergleich* beschreiben, wie sie die Durchführung der Präsentation und die Portfolioarbeit empfunden haben, und diese Vergleiche begründen.

58 Siehe „Begründungen" im Abschnitt „Abschlussarbeiten" unten und S. 80.

Außerdem schreibt jeder Schüler ein *Vorwort*, in dem er seinen Leser anspricht, die Wahl seiner Forschungsfrage begründet und einen kurzen Einblick in sein Portfolio gibt.

Zu verfassen ist auch ein *Aufsatz* über die Projektzeit, möglichst mit Perspektivwechsel. Jüngere Schüler schreiben diesen Aufsatz gern aus der Sicht ihrer Brille, ihres Haustiers, ihrer Armbanduhr, während man bei älteren Schülern eher aus der Sicht eines Dritten schreiben lässt.

Schließlich folgt das Kernstück des Portfolios, das *Nachwort* mit einer Abschlussreflexion, d.h. einer Metareflexion des Schülers über seinen Lernweg im Verlauf des Projekts. Hier zeigt er auch Perspektiven für zukünftiges Lernen auf. Nähere Angaben zum Nachwort und zu weiteren Elementen des Portfolios kann man auch dem Bewertungsraster[59] entnehmen.

Vor der endgültigen Abgabe bewertet jeder Schüler schließlich noch sein eigenes Portfolio.

59 Siehe Kapitel 13 und Vorlagen (19.9) Die Erstfassung des Bewertungsrasters entstand während unseres ersten Portfolioprozesses in Kooperation mit Dr. Thomas Häcker von der Arbeitsgruppe *pro*Schule der Pädagogischen Hochschule Heidelberg. Dieses Raster wurde in den folgenden Jahren verändert und angepasst.

11 Projektmanagement unter dem Aspekt der Selbststeuerung des Schülers

Projektportfolio bedeutet:

- offener Unterricht,
- Stärkung von Selbststeuerung und Eigenverantwortung.

Das heißt, die Schüler übernehmen die Verantwortung für ihren Lernprozess.

In einem solchen Projekt erwerben sie nicht nur Fachwissen, sondern auch Schlüsselqualifikationen wie Methoden- und Sozialkompetenz, bzw. setzen ihre bereits erworbenen Kompetenzen ein und erweitern sie.

Durch das Schaffen von Handlungsspielräumen im Unterricht dürfen allerdings keine unstrukturierten Freiräume entstehen, die „in irgendeiner Form und ganz von selbst" zu selbstgesteuertem Lernen führen. Im Gegenteil, die Schüler brauchen vorgegebene Rahmenbedingungen und klar benannte Anforderungen. Auf diese Weise schafft der Lehrer bei den Schülern die Voraussetzungen dafür, mit den neu entstandenen Räumen sinnvoll und durchdacht umzugehen. Auch darin liegt ein wichtiger Lernprozess, doch ist der Lehrer auch beim selbstgesteuerten Lernen keineswegs überflüssig. Allerdings ändert sich nun die Lehrerrolle vom reinen Wissensvermittler zum Lernberater, der für die Schüler sein Wissen bezüglich Medien-, Methoden- und Sozialkompetenz jederzeit bereitstellt, aber nun eher

> *unterstützend* statt *bewertend*,
> *Impuls gebend* statt *belehrend* und
> *beratend* statt *steuernd*

das Lernen seiner Schüler begleitet und ihnen dabei hilft, Lernstrategien zu entdecken und ihre eigenen Lernprozesse zu optimieren.

11.1 Allgemeine Vorüberlegungen

Diese allgemeinen Vorüberlegungen sollten für jedes Projekt unabhängig vom Fach sowie von der Klassenstufe gelten.

Was möchte man mit dem Projekt vermitteln, wo liegt der Schwerpunkt?

- Methodenkompetenz
  Die Schüler lernen die alleinverantwortliche Beschaffung von Informationen aus den verschiedensten Quellen. Dabei kann der Lehrer beraten, helfen, liefert selbst aber keine Informationen! Wichtig ist auch, ihnen den kritischen Umgang mit diesen Informationen zu vermitteln, sei es in Büchern oder vor allem bei Seiten aus dem Internet. Neben der Informationsbeschaffung werden weitere Kompetenzen gefordert wie sinnerfassendes Lesen, Auswerten des Infomaterials, Strukturieren der Themen, eventuell unter Verwendung einer Mindmap. Im Portfolio wird das Informationsmaterial dokumentiert und kritisch ausgewertet, Doppelungen an Informationen sind zu vermeiden, daher erfolgt eine eigenverantwortliche Auswahl durch die Schüler. Weiterhin erlernen die Schüler Präsentationstechniken, die Gestaltung von Präsentationen mit sinnvollem und vielfältigem Einsatz von Medien zur Visualisierung, freie Rede und die Kooperation in der Gruppe, je nach Fach auch die Durchführung von Experimenten innerhalb einer Präsentation. Das Portfolio fördert die Reflexion der eigenen Vorgehensweise und der eigenen Leistung, dadurch ergeben sich sinnvolle Konsequenzen für die Weiterarbeit.

- Sozialkompetenz und Beurteilungsfähigkeit
  Im Bereich Sozialkompetenz stellt sich Lernzuwachs zunächst einmal durch die Gruppenarbeit ein, weiterhin durch Feedback (regeln), Koordination und Absprachen in der Gruppe, die Kooperation in der Gruppe im Laufe einer Präsentation, vor allem aber durch Beratungsgespräche der Schüler untereinander.
  Die Beurteilungsfähigkeit wird geschult im kritischen Umgang mit Texten und Medien, gegenseitigen Beratungsgesprächen (Schülerberatungen), in der gegenseitigen Bewertung von Gruppenberichten und Präsentationen und nicht zuletzt durch die Beurteilung der eigenen Leistung bei der Präsentation und im Portfolio.

- Fachwissen
  Das Projekt dient zur Erarbeitung eines Lehrplanthemas.

Planungssicherheit für Schüler – nur so kann man sie zu sinnvollem Planen ihrer eigenen Arbeit erziehen. Das bedeutet für den Lehrer:

- organisatorisch:
  Erst wenn das Projekt zeitlich und organisatorisch vollkommen durchgeplant und festgelegt ist, erfolgt die Projekteinführung in der Klasse mit der Vorstellung der fixierten Termine.
  Für die Planungssicherheit der Schüler ist es von Bedeutung, dass es keine Verschiebungen oder Verlegungen mehr geben wird, daher sollte man schulische Termine bei der Planung dringend beachten!

- inhaltlich:
  Das Projekt sollte offen sein, so offen wie nur möglich. Dazu muss man abwägen, ob es Wissen gibt, das unbedingt vermittelt werden muss (z. B. wegen der Lehrplanerfüllung) oder ob auch sogenanntes „Splitterwissen" genügt. Erhebt man Anspruch auf vollständige Abdeckung des Themas oder genügen Teilaspekte?[60]

Beispiele: In der 6. Klasse ist in Geschichte das Lehrplanthema Ägypten vorgesehen. Bei einem Projekt zu diesem Thema muss man die Lehrplanerfüllung beachten, doch sollte man trotzdem so offen wie möglich bleiben, um den Interessen der Schüler Raum zu lassen.

In einem Projekt einer anderen 6. Klasse war der Schwerpunkt des Projekts die Vermittlung von Methodenkompetenzen. Fächerübergreifend wurde das Thema Frankreich gewählt. Da es keine thematischen Einschränkungen gab, genügten auch Teilaspekte, etwa zum Thema PARIS. Es war nicht nötig, alle Sehenswürdigkeiten vorzustellen, sondern es konnten Aspekte herausgegriffen werden wie der Vergleich zwischen verschiedenen Kirchen, die Königsachse und der Louvre im Wandel der Zeit.

60 Gestaltung des „Dachthemas" des Projekts siehe 12.1.

Erfahrungen zeigen: Erstellt ein Lehrer vor Projektbeginn einen Erwartungshorizont bezüglich der zu erwartenden Themen, so decken sich in der Praxis dieser Erwartungshorizont und die Vorschläge der Schüler meist nur zu 50%. Nun sollte man als Lehrer durchaus offen sein, zulassen, was man nicht erwartet (und „vorgedacht") hat, sich darauf einlassen und dadurch die Motivation und das Selbstbewusstsein des Schülers stärken.

Transparenz – das bedeutet für den Lehrer:

- rechtzeitige Bekanntgabe von Bewertungskriterien / Bewertungsrastern,
- eventuell Einbeziehung von Schülermeinungen in die Raster,
- eventuell Schülerselbstbewertung (ein wichtiger Aspekt für die Selbststeuerung).

Präsentationen – Außenwirkung
Es ist enorm wichtig, die Schüler ihre Ergebnisse öffentlich präsentieren zu lassen und nicht im „geschützten" Raum, dem abgeschirmten Klassenzimmer, zu bleiben! Als Zuschauer sind Eltern, Lehrer, Studenten, Referendare oder auch andere Klassen denkbar. Im Übrigen ist die Öffnung der Präsentation für die Schüler eine viel stärkere Motivation als die eigentliche Benotung.

11.2 Vorteile der erhöhten Selbststeuerung und Selbstbestimmung

- Je mehr Möglichkeiten an Selbstbestimmung und Selbststeuerung ein Projekt einem Schüler bietet, desto mehr eigene Interessen werden in dieses Projekt eingebracht, dadurch ist die Motivation spürbar höher.
- Die Eigenverantwortung der Schüler wird gestärkt, ihnen wird bewusst, dass sie selbst für ihr Lernen verantwortlich sind.
- Aktiv erworbenes Wissen wird intensiver verarbeitet und „gespeichert" als rezeptiv erworbene Informationen.
- Der Schüler erwirbt die notwendigen Fähigkeiten und Fertigkeiten, die zum Lebenslangen Lernen notwendig sind.

Spannungsfeld Fremdsteuerung – Selbststeuerung
Sehr starke Fremdsteuerung ergibt sich durch den Frontalunterricht, aber selbst hier entscheidet der Schüler, ob, was und wie viel er lernt. Man muss sich also von der Vorstellung verabschieden, dass die Wissensvermittlung, das Lernen vor allem durch Fremdsteuerung effektiv wird und durch Vermittlung von Faktenwissen alle alles lernen.

Andererseits erfordert auch selbstgesteuertes Lernen bestimmte Strukturen und Rahmenbedingungen von Seiten des Lehrers. Der Schüler soll sich das Wissen über ein bestimmtes Sachgebiet erarbeiten, er soll aber auch Eigeninitiative entwickeln, organisieren und planen sowie durch die Reflexion über seine Lernstrategien und Lernabläufe seinen Lernprozess verbessern und die Verantwortung für sein Lernen übernehmen.

Anzustreben ist daher ein Wandel in der Unterrichtsstruktur dahingehend, dass statt rezeptiver Informationsaufnahme vermehrt Phasen des selbstgesteuerten, handlungsorientierten oder entdeckenden Lernens auftreten sollten und dass die Lernenden somit ihren Lernprozess selbst steuern.

11.3 Umsetzung der Komponenten des selbstgesteuerten Lernens

Als Komponenten des selbstgesteuerten Lernens werden angesehen:

- Methodenkompetenz sowie Medienkompetenz,
- Motivation,
- Sozialkompetenz,
- Ressourcennutzung.

Zur Methoden- und Medienkompetenz:
Neben den bereits erwähnten Kompetenzen in Bezug auf Informationsbeschaffung, -auswahl und -auswertung lernen bzw. vertiefen die Schüler ihre Kenntnisse bei der Auswahl relevanter Informationen aus einer Überfülle an Angeboten (vor allem dem Internet) und sie lernen den kritischen Umgang mit diesen Texten.

Zur Motivation:
Die Motivation wird gefördert durch das Einbringen persönlicher Interessen, Neugier und (weitgehender) thematischer Selbstbestim-

mung. Die Selbstbestimmung ist zwar durch den Lehrplan eingeschränkt, aber doch innerhalb dieser Grenzen möglich.

Die methodische Selbststeuerung in Bezug auf Lernform und Lernmethoden, Lernpartner, Lernort und Lernzeit ist ohne Weiteres umsetzbar. Auch die Präsentation vor Publikum bewirkt eine starke Motivation.

Zur Sozialkompetenz:
Während der Gruppenarbeit sind gemeinsame Problemlösungsstrategien erforderlich. Die Schüler lernen, zu diskutieren statt zu streiten, sie bemühen sich um Toleranz, Akzeptanz und partnerschaftliches Verhalten. Sie treffen Absprachen, übernehmen Verantwortung für die Gruppe, lernen Feedback zu geben und Kritik konstruktiv umzusetzen. Ihre gegenseitigen Beratungen erfordern eine klar strukturierte Darlegung von Sachverhalten und Ergebnissen.

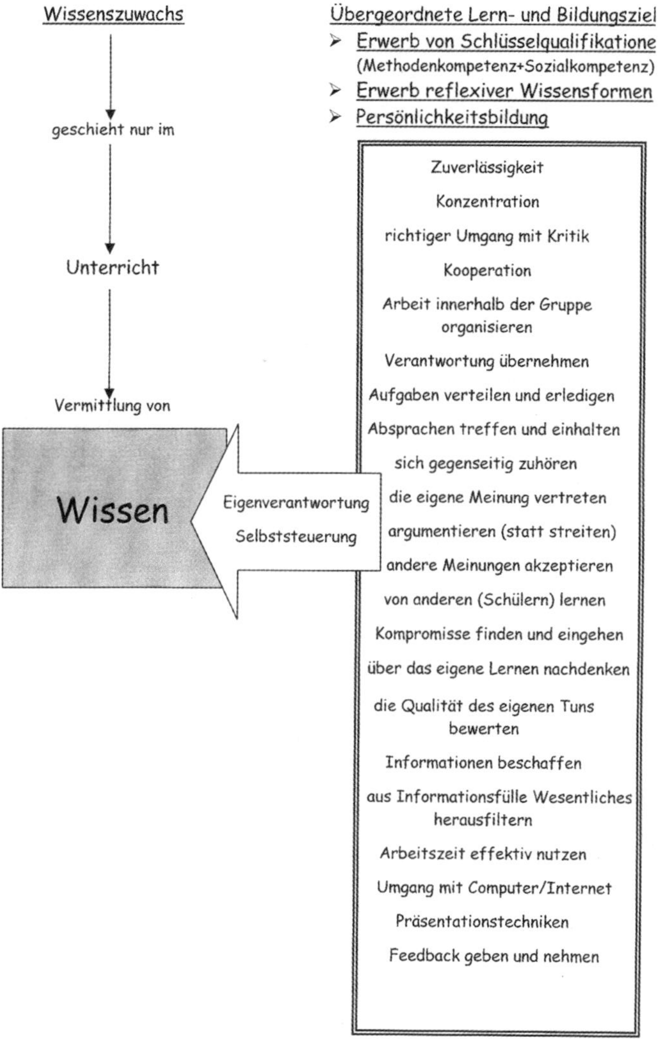

Abb. 5: Ressourcennutzung

Zur Ressourcennutzung:
Die Schüler nutzen die verschiedensten Quellen zur Informationsbeschaffung, sie wählen aus einem reichhaltigen Angebot von Beratungen durch verschiedene Personenkreise, seien es Lehrer, Schüler, Familienmitglieder oder Fachleute, und schließlich sind sie ebenfalls für ihr eigenes Zeitmanagement verantwortlich.

All dies verdeutlich auch eine Folie, die wir für Elternabende erstellt haben: Siehe Abb. 5 auf der vorigen Seite.

11.4 Die Rolle des Lehrers als Lernberater

Durch die verstärkte Selbstbestimmung, das selbstgesteuerte Lernen und die Übernahme von Eigenverantwortung durch den Schüler verschieben sich die Rollen im traditionellen Bild von Unterricht. Je mehr Verantwortung der Schüler übernimmt, desto stärker sollte sich der Lehrer in diesem „Setting", d.h. bei dieser Art der Unterrichtsgestaltung, zurücknehmen und die Rolle des Lernberaters einnehmen. Den Unterschied in dieser Rollenverteilung empfanden unsere Schüler sehr stark und verdeutlichten dies in einer Zeichnung (s. Abb. 6 auf der folgenden Seite):[61]

Beim traditionellen Lernen, im fremdgesteuerten Lernsetting (von den Schülerinnen als „ursprüngliches Lernen" bezeichnet), vermittelt der Lehrer Faktenwissen, das der Schüler aufnimmt, um es anschließend in der Prüfungssituation unter Zeitdruck wiederzugeben.

Bei der Projektarbeit unter dem Aspekt der Selbststeuerung mit Portfoliobegleitung zeigt das Bild die verschiedenen „Rollen" des Lehrers (s. Abb. 7 auf der folgenden Seite):

61 Wir danken unseren Schülerinnen Lisa Mäder und Annemarie Schmidt, die nach vier Jahren Portfolioarbeit das Ganze „auf den Punkt gebracht haben", als sie für uns diese Folien gestalteten.

Abb. 6: Ursprüngliches Lernen

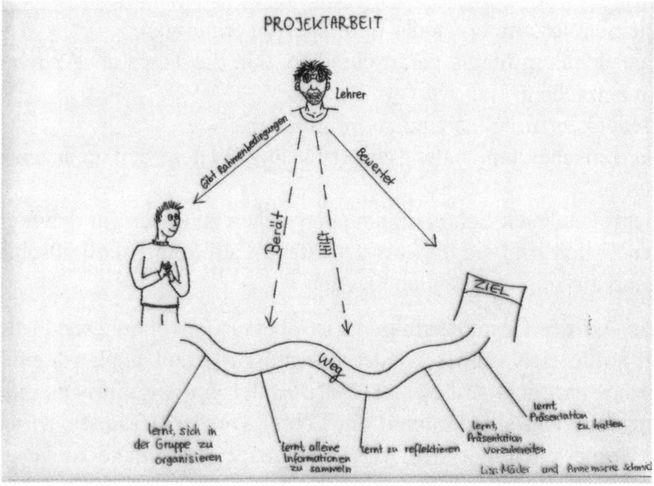

Abb. 7: Projektarbeit I

In seiner gewohnten Rolle setzt der Lehrer die Rahmenbedingungen für das Projekt fest und bewertet es am Ende (durchgezogene Linien). Die gestrichelten Linien verdeutlichen den Rollenwechsel des Lehrers im Verlauf des Projekts: Auf dem Weg zum Ziel berät und hilft er dem Schüler, der nun vielerlei Fertigkeiten erwirbt und vertieft.

Die Rolle des Lehrers als Lernberater ist sehr anspruchsvoll, denn sie erfordert ganz neue Verhaltensweisen. Bei der Führung von Portfoliogesprächen (Beratungen) sollte sich der Lehrer stark zurücknehmen; der Schüler erhält Kommentare, Tipps, Anregungen, allerdings nur im Ausnahmefall konkrete Hilfestellungen, in jedem Fall aber eine angemessene Würdigung und Ermutigung. Der Lehrer liefert keine Themenvorgaben, keine Informationen. Der Lernberater akzeptiert, was der Schüler denkt und letztlich für sich entscheidet, denn die Verantwortung für sein Handeln bleibt nach wie vor beim Schüler selbst.

In diesen Beratungsgesprächen sollte man sich bemühen,

- nicht sofort ein Urteil zu fällen, sondern weitgehend wertungsfrei zu sprechen,
- die Schüler immer wieder freundlich zu ermutigen,
- den Schülern nichts vorzuschreiben, d.h. die Tipps als Angebote zu betrachten,
- Bedenken zurückhaltend zu formulieren,
- die Entscheidungen der Schüler für ihre Weiterarbeit zu akzeptieren,
- beim Feedback Schülermeinungen stehen zu lassen (in den meisten Fällen sind sie überaus zutreffend), auf keinen Fall abschließend zusammenfassen und werten.

Diese Art der Gesprächsführung ist überaus gewöhnungsbedürftig. Man sollte sich immer wieder überprüfen – und doch ist einem manches gar nicht so bewusst. Ein Beispiel: Im Anschluss an einen Gruppenbericht sagte einmal ein Lehrer vor der gesamten Klasse: „Ich freue mich wirklich, dass ihr meine Ratschläge umgesetzt habt.“ Dieser Kommentar war sehr nett gemeint, damit setzt der Lehrer aber sofort andere Schüler unter Druck, seine Tipps ebenfalls umzusetzen bzw. die, die es nicht getan haben, fühlen sich nun nicht gut bei ihrer Entscheidung.

Ein Schüler sollte sich im Laufe einer Beratung immer wohl fühlen und sich nie unter Druck gesetzt oder gezwungen sehen, der Vorgabe des Lehrers folgen zu müssen.

Im Verlauf des Projekts entscheidet der Schüler auch frei über Lernzeit und Lernort. Das bedeutet, dass wir als Lernberater auch die Entscheidung eines Schülers akzeptieren, sich in den Projektstunden einmal nicht mit seiner Arbeit zu befassen. Der Schüler muss sich darüber im Klaren sein, dass er sich dafür an anderer Stelle und zu einem anderen Zeitpunkt mit seiner Projektarbeit zu beschäftigen hat.[62] Diese „Toleranz" gilt allerdings nur, so lange er die anderen Schüler nicht bei ihrer Arbeit stört. Dazu folgendes Zitat:

> Das größte Hindernis für erfolgreichen Gruppenunterricht ist die Belehrungs- und Kontrollsucht der Lehrerinnen und Lehrer. Sie wissen, dass sie den Schülern Freiräume lassen sollten, gehen aber doch immer wieder und viel zu schnell dazwischen. Gerade dort, wo der Lehrer nicht in die Gruppenprozesse eingreift, lassen sich größere Lernerfolge nachweisen.[63]

Sobald der Lehrer seine gewohnte Rolle verlässt, ändert sich auch das Setting in den Projektstunden (s. Abb. 8 auf der folgenden Seite):

Schüler und Lernberater agieren in einem leistungsfreien Raum ohne Bewertungen, in dem Fehler als sinnvolle Ausgangspunkte für weiteres Lernen gesehen werden und Schüler ohne Scheu über ihre Umwege und Sackgassen, Probleme und Versäumnisse sprechen können. Sie haben nicht das Gefühl, sie sollten sich – wie sonst bei Leistungserhebungen – in möglichst günstigem Licht darstellen. Es erfolgt daher eine *klare Trennung von Lernphasen und Leistungserhebung!* Dass das gelingt, wird auch in vielen Schülerportfolios sichtbar.

62 Auch wir Autoren müssen zugeben, dass wir sehr an uns arbeiten mussten, bis wir diese Situation nun mit der nötigen Gelassenheit „ertragen" können.

63 Hilbert Meyer: Was ist guter Unterricht? Cornelsen Verlag Scriptor (2004) S. 81.

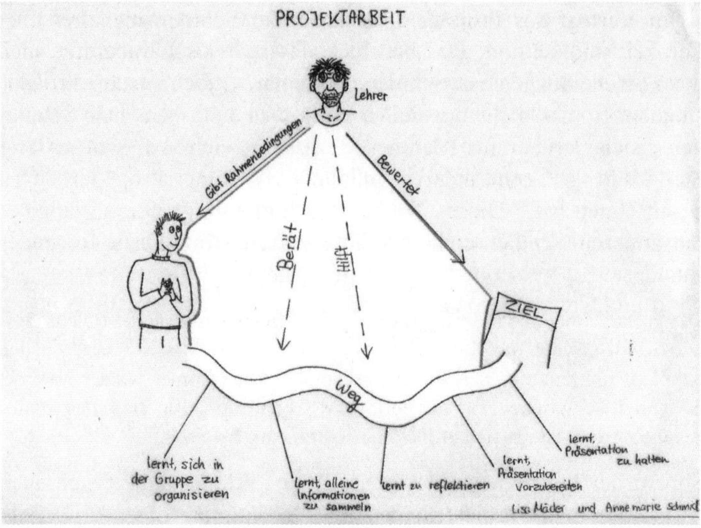

Abb. 8: Projektarbeit II

Bei Leistungserhebung:	⇔	**in Lernphasen:**
Fehler vermeiden	⇔	Fehler sind sinnvolle Ansatzpunkte für das Lernen
mangelndes Wissen verbergen	⇔	Neugier herrscht (vor)
sich selbst in möglichst günstiges Licht setzen	⇔	teamfähig sein
Mitschüler sind Konkurrenten	⇔	Mitschüler sind Kooperationspartner
Lehrer steht auf der „Gegenseite“	⇔	Lehrer sind im Team, sind Berater

Rollenwechsel auch im Verlauf von Projektstunden.[64]

Projektleiter/Lernberater	Gruppenberichte, Feedback
Lehrerrolle	Plenum zur Instruktion, Vermittlung von neuen Inhalten
Lernberater	Beratungen, Hilfestellungen

64 Zur Durchführung von Projektstunden siehe Kapitel 12.3.

Es ist ungemein wichtig, dass die Schüler das Vertrauen haben, nun ihre Fehler ohne Scheu oder Zurückhaltung dokumentieren zu können. Sie spüren, dass sie ernst genommen werden, auch mit ihren Ängsten und Schwächen. Daher sollte man viel loben und ermutigen. In dieser vertrauensvollen Atmosphäre gehen wir auch vertraulich mit den Informationen der Schüler um.

Wann schaut der Lehrer in ein Portfolio hinein?
Im Verlauf des Prozesses nur, wenn der Schüler um eine Beratung bittet und Elemente in seinem Portfolio zeigt. Das Portfolio insgesamt wird meist erst bei der Bewertung, ganz am Schluss des Prozesses betrachtet.

Schülerfeedback durch Reflexionen – wie gehe ich damit um?
Die Portfolioarbeit kann ein unglaubliches Feedback für das Lernsetting sein. Das sollte man als Chance verstehen!

Man sollte offen sein für Kritik der Schüler, sie ernst nehmen, akzeptieren und versuchen, diese Dinge, sobald man die Kritik als berechtigt erkennt, in seinem nächsten Prozess zu verändern. Für die Bewertung darf es keine Rolle spielen, ob sich ein Schüler positiv oder negativ über das Projekt / die Organisation / die Gruppe etc. äußert.

Mitwirkung der Schüler findet sich in folgenden Bereichen:

- Raster gemeinsam erstellen
  a) das Raster zur Bewertung der Präsentation wird ausgeteilt, schon allein wegen der Transparenz, danach wird ein Konsens mit den Schülern vereinbart.
  b) ab dem 2. Portfolio ist auch ein Konsens beim Bewertungsraster für das Portfolio vorgesehen.
- Feedback bei Gruppenberichten / Fishbowl[65] / Videobetrachtungen der Präsentation
- Selbstbewertung der Schüler im Rahmen des Möglichen[66]

65 Siehe Kapitel 12.3.5.
66 Siehe Kapitel 13.4.

12 Durchführung des Projekts

12.1 Gestaltung des Dachthemas

Eine der wenigen Projektvorgaben von Seiten des Lehrers betrifft die Wahl des Themas. Der Projektleiter wählt ein „Dachthema“, das genügend Spielraum für die verschiedensten Schülerinteressen bietet und eventuell auch fächerübergreifend behandelt werden kann. Es kann sich hierbei durchaus um ein geeignetes Lehrplanthema handeln.

Eine Rahmenbedingung des Projekts besteht darin, dass sich selbstbestimmt Gruppen bilden und jede Gruppe sich ein Gruppenthema sucht, das unter dieses „Dachthema“ passt. Jedes Gruppenmitglied bearbeitet nun einen Teilaspekt dieses Gruppenthemas, wobei sein Thema in Form einer Frage formuliert werden muss.

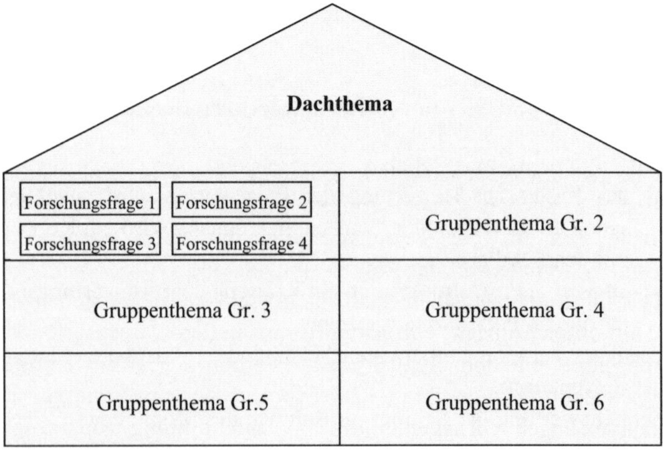

Abb. 9: Themenwahl

Der Vorteil der Frageform liegt darin, dass die „Forschungsfrage“ eine präzise, klar begrenzte Antwort in der Präsentation erfordert.

Die Vorgehensweise, dass Gruppenthemen in Teilaspekte aufgefächert werden, bewirkt, dass die Schüler einzeln arbeiten können, aber trotzdem gezwungen sind, Verantwortung für ihren Teilbereich in der Gruppe zu übernehmen, denn durch die Gruppenpräsentation müssen sie mit ihren Teammitgliedern kooperieren, Absprachen treffen und im Team arbeiten.

Bei jüngeren Schülern wird dieses Systems durch den Vergleich mit einem Haus veranschaulicht: Dach = Haus → Wohnungen → Zimmer.

12.2 Festlegung der Rahmenbedingungen

Um klare Strukturen zu schaffen sowie Planungssicherheit und Transparenz im größtmöglichen Umfang zu gewährleisten, legt der Projektleiter vor Projektbeginn nicht nur das Dachthema, sondern alle weiteren Rahmenbedingungen fest und erstellt einen absolut verbindlichen Zeitplan für die Projektstunden, den Termin der Präsentation und die Abgabe des Portfolios.[67]

12.3 Durchführung von Projektstunden

12.3.1 Zeitbedarf für das Projekt

Für die Durchführung von Projektstunden hat sich eine Doppelstunde (90 Minuten) pro Woche sehr gut bewährt. Dies lässt den Schülern genügend Gelegenheit, bis zur kommenden Woche nach Informationen zu suchen, Gruppentreffen abzuhalten und sich die erforderliche Zeit für die Textauswertung, die Portfolioarbeit und sonstige Aktivitäten für das Projekt sinnvoll einzuteilen.

Die folgenden Angaben sind als Vorschläge zu verstehen. Sie sind auf unser Konzept – Projektportfolios in der Klassenstufe 6 des Gymnasiums mit dem Schwerpunkt „Vermittlung von Methodenkompetenzen" – zugeschnitten. Wenn andere Schwerpunkte oder Voraussetzungen vorliegen, muss die Durchführung von Projektportfolioarbeit entsprechend angepasst und modifiziert werden.

Für unser Konzept veranschlagen wir von der Projekteinführung bis zur Präsentation insgesamt elf Doppelstunden, die Aufarbeitung der Präsentation (Feedback, Videobeurteilung) und die Rückgabe der Portfolios erfordern etwa vier bis fünf weitere Doppelstunden.

67 Siehe Material: Rahmenbedingungen (18.1) und Zeitplan (18.2).

Es hat sich auch gezeigt, dass es sinnvoll ist, im Projektverlauf ein- bis zweimal eine Woche Pause einzuschieben, damit man im Notfall ausgleichen kann, wenn durch Krankheit oder unvorhergesehene Umstände eine Projektstunde ausfallen muss, denn am Präsentationstermin sollte sich ja absolut nichts mehr ändern.

12.3.2 Projektvorstellung und Einführung der Portfolioarbeit (Instruktionsphase)

Die erste dieser elf Doppelstunden gehört der Projektvorstellung in der Klasse sowie der Einführung der Portfolioarbeit.

Zunächst stellt der Lehrer das Projekt vor, erläutert das Ziel, die Rahmenbedingungen sowie die Projektanforderungen und gibt den Projektplan aus.[68]

Dieser Projektplan enthält zwar dieselben Rahmenbedingungen wie die Tabelle, ist aber etwas unterschiedlich zusammengestellt. So erkennt der Schüler, welches die Projektziele sind, auf die er hinarbeiten muss, und anschließend, was nach und nach von ihm zu leisten ist.

Vorteilhaft sind Plakate, die durch ihre Präsenz im Klassenzimmer die Schüler immer wieder an ihre Eigenverantwortung im Projekt erinnern. Außerdem werden Gruppenblätter aufgehängt, auf die sich die Schüler selbständig eintragen können.

Abb. 10: Projektbeginn

Im zweiten Teil der Projektstunde führt der Lehrer die Portfolioarbeit ein. Er macht deutlich, dass das Portfolio nicht nur als Doku-

68 Siehe Material: Projektvorstellung (18.3).

mentation für dieses Projekt dient, sondern auch den Lernweg jedes einzelnen Schülers aufzeigen soll und damit die Möglichkeit eröffnet, diesen Lernweg für künftige Projekte zu verbessern.

Zum Abschluss der ersten Projektstunde werden die „grünen Gedankenblätter" vorgestellt und die Schüler dazu angehalten, ihre erste Reflexion zu schreiben. Da sie an diese Art, ihre Gedanken zu verbalisieren, meist noch nicht gewöhnt sind, legt man zur Anregung eine Folie auf.[69]

Auch die folgende Projektstunde gehört noch zur Instruktionsphase. Erfahrungsgemäß ist die Gruppenbildung noch nicht abgeschlossen. Da die Gruppen sich selbstbestimmt bilden, erfolgt meist zuerst eine „Sozialwahl". Die Gruppen suchen sich ein Gruppenthema, daher kann sich die Gruppenzusammensetzung in der Startphase noch ändern, wenn ein anderes Thema interessanter erscheint oder das Thema der ursprünglichen Gruppe neu formuliert wird.

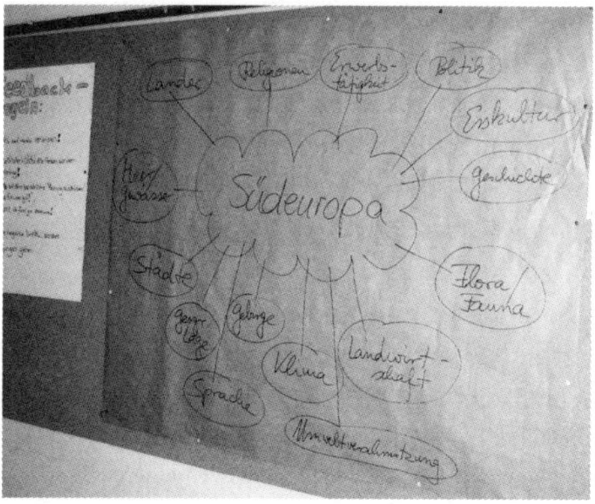

Abb. 11: Mindmap

In der zweiten Doppelstunde wird zunächst gemeinsam mit den Schülern eine grob umrissene Mindmap zum vorgestellten Dachthema angefertigt. Die Schülervorschläge kommen als mögliche Gruppenthemen in Frage, die Mindmap dient aber lediglich als Anregung für Überlegungen, daher wird sie auch nicht detailliert ausgeführt. Die Gruppenthemen können von den Gruppen, aber auch frei gewählt werden, die einzige Voraussetzung ist, dass sie unter das „Dachthema" passen.

69 Siehe Vorlagen: „Anleitung zur ersten Reflexion" (19.7) und „Reflexionsblatt" (19.6).

Anschließend erläutert der Projektleiter die Anforderungen an die Beschaffenheit und die Qualität der Forschungsfrage. Sie sollte anspruchsvoll, überschaubar und möglichst nicht beschreibend sein. Eine geeignete Forschungsfrage erfüllt eine der folgenden Bedingungen:

Ein Schüler soll möglichst

- etwas einschätzen,
- etwas bewerten,
- etwas beurteilen,
- etwas begründen,
- Unterschiede / Gemeinsamkeiten herausfinden oder
- etwas in Frage stellen.

Ein Beispiel: Die Forschungsfrage eines Schülers (Dachthema: *Helden, Schurken und Schelme*) „Wer war Robin Hood und wann lebte er?" erfordert eine rein beschreibende Antwort, die der Schüler in jedem entsprechenden Buch findet und übernehmen kann. Da das Gruppenthema Robin Hood akzeptiert wird, erhält der Schüler für diese Forschungsfrage „gelbes Licht" auf seiner Ampel. Der nächste Vorschlag des Schülers zeigt eine Weiterentwicklung: „War Robin Hood ein Schelm, Schurke oder Held?" Hier ist der Schüler gefordert, die Taten des Robin Hood zu werten, daher bekommt er „grünes Licht".

Damit ein Schüler gezielt an seine Projektaufgaben herangehen kann, braucht er unbedingt „grünes Licht" für seine Forschungsfrage.[70] Dies erhält er nach einer Beratung (eventuell auch erst nach mehreren Beratungen) beim Projektleiter. Dadurch wird verhindert, dass ein Schüler wochenlang in die Irre geht, bevor er bei einer Beratung darauf aufmerksam wird. „Rotes Licht" frustriert die Schüler ungemein, man sollte es möglichst sparsam einsetzen. Wir verwenden es nur, wenn das Gruppenthema absolut nicht zum Dachthema passt.

Da den Schülern dringend geraten wird, bereits für die Wahl ihrer Forschungsfrage zu recherchieren, unterweist sie der Lehrer gegebenenfalls in der sinnvollen Nutzung der Bibliothek (Stichwortsuche) bzw. der Suche im Internet. An dieser Stelle sollte man auch unbedingt auf die Gefahren des Internet hinweisen, auf zuverlässige Seiten aufmerksam machen (Nachschlagewerke, (Schulbuch-)Verlage, Universitäten, ...) und dazu anhalten, die Richtigkeit der Informationen zu überprüfen.

70 Siehe Vorlagen: „Forschungsfrage" (19.1).

Weitere Unterweisungen betreffen die Portfolioarbeit (Was wird ins Portfolio aufgenommen? Wie erstelle ich ein Inhaltsverzeichnis?[71])

Auch zum Abschluss dieser Stunde schreiben die Schüler wieder eine Reflexion, ab jetzt angeleitet durch eine „Gedankenfolie".[72]

Abb. 12: Instruktionsphase (Reflexion, angeleitet durch Gedankenfolie)

Stundengestaltung in der Anfangsphase:

1. Plenum:	*Instruktionsphase (Organisation der Projekt- und Portfolioarbeit)*
2. Schüler:	*– Bildung der Gruppen, Festlegung des Gruppenthemas,* *– daran anschließend Festlegung und Abstimmung der Einzelthemen,* *– Festlegung der einzelnen Forschungsfrage (Sobald diese Vorbereitungen abgeschlossen sind, beginnen die Beratungen für das „grüne Licht")*
Reflexion	

Die genannten Schüleraktivitäten spielen sich meist außerhalb der eigentlichen Projektstunde ab.

71 Siehe S. 80 und 17.2.

72 Siehe Vorlagen: „Gedankenfolie" (19.8).

12.3.3 Projektarbeit – Praktische Durchführung

In den folgenden Stunden, also ab der 3. Doppelstunde, beginnt die eigentliche Projektarbeit, der offene Unterricht. Die Projektstunden sind gekennzeichnet von einer Zweiteilung: der erste Teil vollzieht sich im Plenum, der zweite Teil gehört den Beratungen und der Projektarbeit.

In der 3. Stunde geht man kurz auf die Gestaltung der beiden erforderlichen Mindmaps ein. Zum einen erstellt jeder Schüler einer Gruppe, sobald alle Gruppenmitglieder „grünes Licht" haben, eine Gruppen-Mindmap. Sie enthält die Aufgliederung des Gruppenthemas auf die verschiedenen Gruppenmitglieder durch deren Forschungsfragen.

Außerdem sollte jeder Schüler eine Mindmap zum eigenen Thema erstellen.[73]

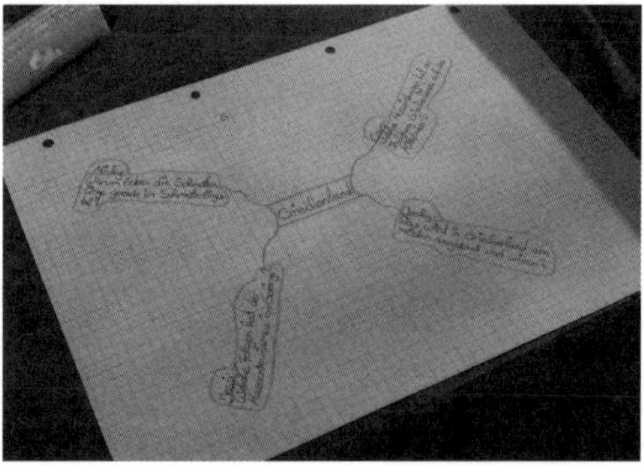

Abb. 13: Gruppen-Mindmap

Der Lehrer erwähnt noch einmal kurz die Voraussetzungen für eine geeignete Forschungsfrage, bespricht die Vorbereitung der Gruppenberichte und beginnt anschließend mit den Beratungen für das „grüne Licht" der Forschungsfragen.

73 Siehe 17.3.

Abb. 14: Projektarbeit

Es hat sich als empfehlenswert herausgestellt, zunächst eine Gruppenberatung durchzuführen, um die Aufteilung der Aspekte des Gruppenthemas klarer erkennen zu können.

Abb. 15: Schülerberatung

In der Regel ist ab der 4. Projekt-Doppelstunde die Gruppenzusammensetzung abgeschlossen. Die Schüler geben zu Beginn der Projektstunde der Klasse einen Gruppenbericht, wobei sich die Gruppenmitglieder abwechseln. Vor den allerersten Gruppenberichten werden Feedbackregeln erarbeitet, an die sich die Schüler (und Lehrer) halten müssen.

Die Gruppenberichte sollen folgende Informationen enthalten:

- Vorstellung des Gruppenthemas,
- Vorstellung der Mitglieder der Gruppe mit ihren Forschungsfragen (und dem aktuellen Stand der „Ampel"),
- ihre bisherigen Aktivitäten,
- ihre Pläne für die kommende Woche / Zeit bis zur nächsten Projektstunde.

Die Intentionen der wöchentlichen Gruppenberichte sind:

- Information für andere Gruppen (wichtig bei inhaltlichen Überschneidungen),
- Impulse geben (Museumsbesuch, Gespräche mit Experten, ...),
- Training der Präsentationstechniken,
- Feedback üben und damit die Anwendung und Einhaltung von Feedbackregeln lernen. Dies schult das eigene Verhalten bei der Präsentation und die Beurteilungsfähigkeit.

Am Ende jedes Gruppenberichts beurteilen die Schüler unter Berücksichtigung der Regeln sowie der bereits erarbeiteten Kriterien die Leistung des Vortragenden.

Die anschließende Plenumsphase dient der Instruktion zur Projekt- und Portfolioarbeit. Im Verlauf der Projektstunden 4 bis 10 stehen unter anderem folgende Themen an:

- *Informationsbeschaffung* – sie liegt allein in der Verantwortung der Schüler – und *Anleitung zu Quellenangaben*
- *Zusammenstellung der Unterlagen im Portfolio*:
  Was kommt alles ins Portfolio? Was kann dazu beitragen, den Lernweg des Schülers deutlich zu machen? Dazu gehört auch der Aspekt „Vermeidung von Doppelungen", eventuell auch bereits die Einführung von Begründungen.[74]
- *Strukturieren der Themen durch Mindmapping,*[75]

74 Siehe „Begründungen" im Abschnitt „Abschlussarbeiten" auf S. 47 und S. 80. Ein Übungstext für Doppelungen und Begründungen findet sich im Material (18.4).

75 Siehe 17.3.

- *Visualisierungsmethoden, Methoden zur Gestaltung einer Präsentation,* dazu gehört auch die Gestaltung von Folien, Plakaten, Umgang mit PowerPoint, Rollenspiel, Dialoge, Interviews, ...
- *Ausgabe und Diskussion des Rasters zur Bewertung der Präsentation,*
- *Qualität der selbst verfassten Texte für die Präsentation,*
- *Bedeutung der Beratungen:*
  Welche Beratungsmöglichkeiten gibt es?

Die Schüler haben folgende Möglichkeiten:

– Lehrerberatung	blau[76]
– Beratung durch Familienmitglieder	orange
– Schülerberatung	gelb
– Expertenberatung	rot

Abb. 16: Schülerberatung

Alle Beratungsgespräche werden schriftlich auf einem Beratungsblatt[77] festgehalten und anschließend vom Schüler ausgewertet.

Nach der jeweiligen Instruktion im Plenum geht man zur Projektarbeit über. In dieser Phase beantragen die Schüler Beratungen beim Projektleiter bzw. beim Team. Diese Beratungen finden an einem vorbereiteten Beratungstisch statt, dazu parallel laufen die Aktivitäten der Schüler. Sie haben folgende Optionen für die Projektstunde:

76 Es hat sich bewährt, alle Formblätter in verschiedenen Farben zu halten. Dies erleichtert die Übersicht für die Schüler in der Projektphase und für den Lehrer bei der Bewertung im Portfolio. Außerdem sind noch folgende Formblätter auf farbigem Papier: Forschungsfrage (rosa), Reflexionsblatt (grün).

77 Siehe Vorlagen: Beratungen (19.2–19.5).

• Beratungen		Projektleiter Schüler	
• Arbeit		Gruppe allein	Thema Portfolio
• Reflexionsblatt schreiben			

Der Wunsch zu einer Beratung geht grundsätzlich vom Schüler aus. Möchte er eine Beratung durch den Lehrer, so trägt er sich auf einer Liste an der Tafel ein.

Für die Phase des offenen Unterrichts in den Projektstunden gibt es eine Glocke: jeder darf läuten, der sich durch den Geräuschpegel beeinträchtigt fühlt, jeder reduziert dann seine eigene Lautstärke, allerdings ist der Geräuschpegel durchaus höher als bei lehrerzentriertem Unterricht!

Während dieser Zeit schreiben die Schüler auch ihre Reflexion, angeleitet durch die „Gedankenfolie“.

Stundengestaltung in der Projektphase:

1. Plenum: – *Gruppenberichte und Feedback*
– *Instruktionsphase (zu Projekt- und Portfolioarbeit)*

2. Beratungen, gleichzeitig Schülerarbeitsphase Projekt- und Portfolioarbeit sowie Reflexion

Abb. 17: Schülerarbeitsphase mit gleichzeitiger Beratung

12.3.4 Vorbereitung der Präsentation

Bereits während der Stunden der Projektphase wurden mit den Schülern ein Raster für die Bewertung der Präsentation vereinbart und Methoden der Gestaltung einer Präsentation erarbeitet.

Die letzte Doppelstunde vor der Präsentation hat folgendes Programm:

- letzte Gruppenberichte, dazu Feedback,
- Festlegung der Reihenfolge der Präsentationen mit der Klasse.

Die Schüler erarbeiten im Plenum, in welcher Reihenfolge die Gruppen präsentieren sollen. Sobald man mit ihnen die Kriterien geklärt hat (technische Planungen bzw. sinnvolle Reihenfolge bezüglich der Gruppenthemen), diskutieren sie überraschend sachbezogen. Es hat sich herausgestellt, dass sich der Lehrer vollkommen im Hintergrund halten kann. Er moderiert nur die Debatte und die Abstimmungen, und so kommen die Schüler zu einer sinnvollen Programmgestaltung für die Präsentation, ohne die eigenen Befindlichkeiten mit ins Spiel zu bringen.

Im Übrigen sollte man den Schülern ermöglichen, ihre Materialien und den technischen Ablauf in den Tagen vor der Präsentation zu erproben, ansonsten finden aber keine Übungsphasen in den Projektstunden statt. Auch die Gestaltung und das Einüben der Gruppenpräsentation liegen vollständig in der Eigenverantwortung der Schüler.

12.3.5 Projektstunden nach der Präsentation

Die erste Projektstunde nach der Präsentation dient der Aufbereitung, dem Feedback. Dies geschieht in Form einer Fishbowl. Folgender Ablauf ist denkbar:

1. *Reflexion der eigenen Präsentation in den Gruppen* (10 Minuten, Notizen)
   - Was ist uns gelungen, worauf sind wir stolz?
   - Was hätten wir besser machen können? Was würden wir bei der nächsten Präsentation anders machen?
   - Selbsteinschätzung (Note)

2. Einrichten der *Fishbowl:*
   Aufstellen zweier Stuhlkreise in der Mitte des Klassenzimmers, einen Außenkreis für die Zuhörer, einen Innenkreis für den Moderator und die Gruppenmitglieder einer Gruppe, zusätzlich gibt es noch zwei leere Stühle.
3. Der Moderator erläutert die *Regeln der Fishbowl*:
   Eine Gruppe geht in den Innenkreis und trägt zunächst die Ergebnisse der Reflexion vor (ohne die Note), dann folgen Beiträge aus dem Außenkreis, in dem die übrigen Schüler Platz genommen haben. Statt einer Wortmeldung setzt sich der Sprecher auf einen leeren Stuhl im Innenkreis und kehrt nach seinem Beitrag in den Außenkreis zurück.

Die erarbeiteten Feedbackregeln müssen unbedingt eingehalten werden!

Die Gruppe kann sich Notizen machen, Kritik wird (stumm) akzeptiert oder verworfen, ohne dass eine Diskussion entsteht. Möchte der (unparteiische) Moderator seine eigene Meinung äußern, so setzt er sich zur Verdeutlichung seines Rollenwechsels für die Dauer seines Beitrags auf einen freien Stuhl.

Abb. 18: Fishbowl

Weitere Projektstunden beschäftigen sich mit der Vorstellung der Abschlussarbeiten[78] und des Bewertungsrasters des Portfolios.[79] Die

78 Siehe Abschlussarbeiten Kapitel 10 und 13.3.

79 Siehe Vorlagen (19.9).

Abschlussarbeiten machen aus einer Dokumentation endgültig ein Portfolio, denn gerade die Reflexion ist der Kern des Portfolios.

Zu den Abschlussarbeiten gehören

- Begründungen,
- Vergleiche,
- ein Vorwort,
- ein Aufsatz und
- das Nachwort.[80]

Für die Vorstellung der Abschlussarbeiten und des Bewertungsrasters rechnen wir ebenfalls eine Doppelstunde, für die Videobetrachtungen der Präsentationen mit anschließendem Feedback weitere zwei Doppelstunden.

Die Aufzeichnung der Präsentationen auf Video hat sich aus vielerlei Gründen bewährt. Dadurch können wir die Präsentationen der Schüler verfolgen, ohne uns Gedanken um Bewertungen machen zu müssen, die Schüler bekommen unsere volle Aufmerksamkeit und so respektieren wir ihre Leistung im Projektverlauf. Ein weiterer Aspekt ist das gegenseitige Feedback bei der Betrachtung der Videoaufzeichnung in der Klasse.

Das Bewertungsraster sollte rechtzeitig mit den Schülern durchgesprochen werden, es bietet wertvolle Anregungen für die Fertigstellung und Überarbeitung des Portfolios.[81]

Die Fertigstellung der Portfolios erfordert Zeit; man sollte für die Schüler ab der Vorstellung der Abschlussarbeiten und des Bewertungsrasters einen Zeitraum von ca. zwei bis drei Wochen einplanen, bevor die Portfolios abgegeben werden müssen. Auch für die Bewertung der Portfolios sollte man genügend Zeit einplanen!

All das sind Anregungen und Vorschläge. Man sollte sein eigenes Konzept ausarbeiten, abhängig von

- Projektzielen und -schwerpunkten,
- dem Alter der Schüler,
- den Fähigkeiten der Schüler,
- der Frage: Ist es das erste oder ein Folgeportfolio?

Nach den ersten Erfahrungen mit Projektportfolios kann man dieses Konzept anpassen und auch abwandeln.

80 Für die Einzelheiten siehe Kapitel 10 und 13.3.
81 Siehe Vorlagen (19.9).

13 Projektbewertung

Die Gewichtung der Projektnote liegt ganz im Ermessen des Lehrers. Man kann sie – je nach rechtlichen Vorgaben – als eine zusätzliche Klassenarbeit werten, sie statt einer Klassenarbeit einsetzen oder auch stärker gewichten. Entscheidend ist, dass der große Zeit- und Arbeitsaufwand der Schüler mit einem entsprechend hohen Faktor in der Jahresnote berücksichtigt wird. Unbedingt erforderlich ist die Bekanntgabe der Gewichtung der Projektnote sowie deren Zusammensetzung spätestens zu Projektbeginn.

13.1 Gewichtung der Teilnoten

Die Projektnote setzt sich aus den beiden Einzelnoten für Präsentation und Portfoliobewertung zusammen. Da es sich in unseren Projekten beim Ergebnis der Präsentation um eine Gruppennote handelt, während das Portfolio eine Individualleistung darstellt, haben wir die Gewichtung zugunsten der individuellen Leistung verschoben, also z.B. Präsentation 40% – Portfolio 60%. Auch diese Entscheidung liegt selbstverständlich im Ermessen des Projektlehrers.

13.2 Gesamtleistung des Schülers im Projekt

Schaut man sich die Gesamtleistung eines Schülers in unserem Projekt an, so müssen wir zunächst zwischen den Kompetenzen in der Präsentation und im Portfolio unterscheiden.

In den einzelnen Bereichen finden wir sehr verschiedene Komponenten, die sich nur zum Teil überschneiden (die Gewichtung der einzelnen Teile bleibt für diese Darstellung unberücksichtigt):

In der Präsentation

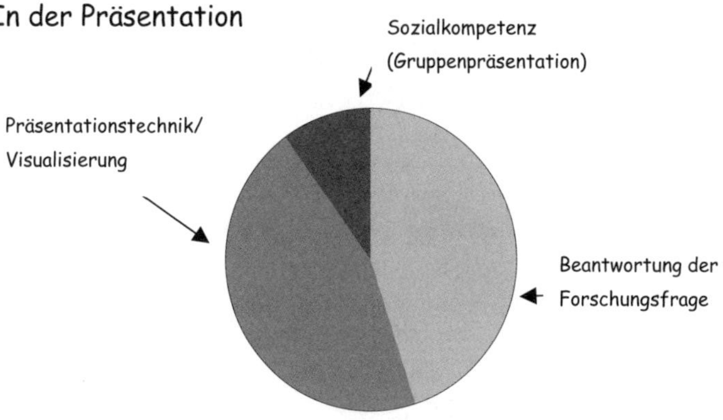

Abb. 19: Kompetenzen in der Präsentation

Methodenkompetenz (Sammeln und Auswerten von Informationen, Präsentationstechniken, Visualisierung)
Inhalt (Beantwortung der Forschungsfrage)
Sozialkompetenz (Teilbereich, den Gruppenpräsentation zeigt)

Im Portfolio

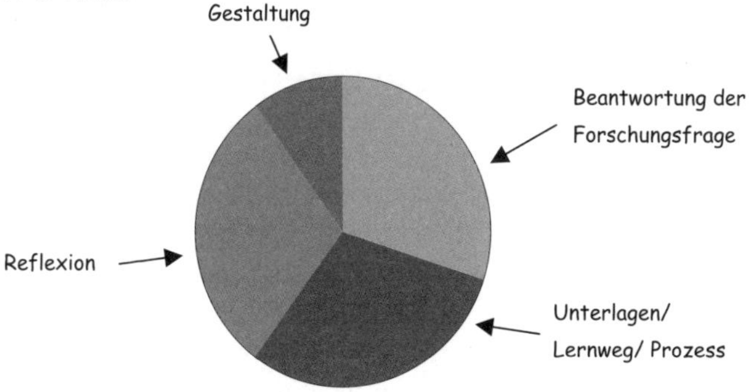

Abb. 20: Kompetenzen im Portfolio

Die Verteilung der Kompetenzen soll der Aufteilung der Punkte in den Bewertungsrastern entsprechen. Diese wiederum legt man fest, sobald man die Schwerpunkte für die Kompetenzen im Projekt (siehe Vorüberlegung) angestellt hat.

In der Gesamtleistung im Projekt sind nun alle unterschiedlichen Kompetenzen gemäß ihres Anteils aufgeführt.

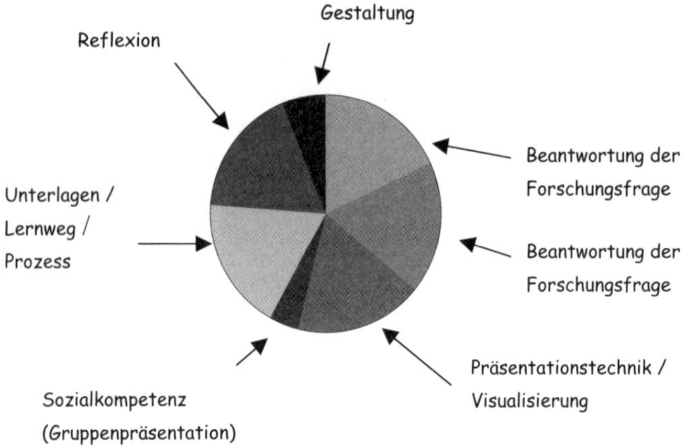

Abb. 21: Kompetenzen im Projekt

Folgende Kompetenzen werden erworben, sind aber auf keinem der Diagramme ersichtlich:

- *Sozialkompetenz* in Bezug auf Gruppenarbeit während der Projektphase,
- *Feedback* geben und nehmen,
- *Persönlichkeitsentwicklung* (Zeitmanagement, Planung, Übernahme von Verantwortung),
- *Beurteilungsfähigkeit*

Selbst wenn man die nicht aufgeführten Kompetenzen vernachlässigt, beträgt der *Wissenszuwachs*, der kognitive Anteil, in unseren Projekten maximal ein Drittel der erworbenen Kenntnisse, daher liegt bei unserer Bewertung auch nicht der Schwerpunkt auf dem *Ergebnis*, wir arbeiten nicht *produkt*orientiert, sondern *prozess*orientiert, der Schwerpunkt liegt auf dem Lern*prozess*.

13.3 Inhalt des Portfolios

Das Portfolio soll den Lernprozess eines Schülers aufzeigen und durch die Reflexion evaluieren.[82]

Damit der Leser diesem Lernweg folgen kann, sollte der Schüler die Unterlagen des Projekts chronologisch einordnen. „Umwege“, „Irrwege“ und „Sackgassen“ werden ebenfalls im Portfolio aufgenommen, denn Fehler werden nicht verurteilt, sondern bilden einen sinnvollen Ausgangspunkt für weiteres Lernen.

Bevor das Portfolio abgegeben wird, muss den Schülern ausreichend Zeit für die Fertigstellung eingeräumt werden.

Was soll sich nun alles im Portfolio befinden?

1. Deckblatt mit Name
2. Blatt mit dem Dachthema des Projekts
3. Blatt mit der Forschungsfrage (nicht das rosa Blatt!)
4. Vorwort
5. a) Gruppen-Mindmap
   b) Mindmap zur Forschungsfrage
6. Mitwachsendes Inhaltsverzeichnis
7. Unterlagen wie:
   - *Forschungsfrage/n (rosa)*
   - *Kopien und Mitschriften für das Projekt (aus den Projektstunden)*
   - *Dokumente mit Quellenangaben und Begründungen (Kopien, Ausdrucke, Zusammenfassungen, Bilder, ...)*
   - *Reflexionen/Gedankenblätter*
   - *Protokolle (Gruppentreffen, sonstige Aktivitäten)*
   - *tagebuchartige Einträge*
   - *unvollständige Mindmaps*
   - *Beratungen: Schülerberatung/en*
     Lehrerberatung/en
     Eltern/Familien-Beratung/en
     Expertenberatung/en

   Alles in chronologischer Reihenfolge!
8. Präsentationsunterlagen (Reflexionen, Programm, Text/e, Fotos, Karteikarten, ...)
9. Vergleiche
10. Aufsatz
11. Abschlussreflexion/Nachwort

82 siehe S. 45.

Elemente der Bewertung mit Erklärungen[83]

Zu den Abschlussarbeiten gehört ein *Vorwort*, in dem sich der Schüler vorstellt, er begründet die Wahl seiner Forschungsfrage und gibt seinem Leser einen „Vorgeschmack“ auf das, was ihn in diesem Portfolio erwartet.

Das mitwachsende *Inhaltsverzeichnis* sollte von Anfang an geführt werden. Der Schüler nimmt darin alles auf, was in seinem Portfolio enthalten ist. Auch die Entnahmen sind verzeichnet (mit Datum der Entnahme und Begründung). Entnahmen werden gemacht, wenn die vorher gesammelte Information nicht mehr zur Forschungsfrage passt (z.B. weil sich die Forschungsfrage nach den ersten Recherchen geändert hat) oder wenn Doppelungen an Informationen vorkommen.

Zu den *Unterlagen* gehören die Kontrolle der Forschungsfrage (grünes Licht), Reflexionen/Gedankenblätter, tagebuchartige Einträge, Protokolle, z.B. von Gruppentreffen oder sonstigen Aktivitäten, Kopien und Mitschriften aus den Projektstunden, alle Arten der Beratung sowie Dokumente, die zur Beantwortung der Forschungsfrage nötig sind, wie Kopien, Zusammenfassungen, Bilder, Fotos, selbstverfasste Texte, Entwürfe, Skizzen, E-Mails, Protokolle von Gesprächen, etc. Dabei werden die Schüler dazu angehalten, verschiedenartige Quellen zu nutzen, die Quellen anzugeben und die Zuverlässigkeit ihrer Informationen zu überprüfen. Außerdem sollen die Informationen bearbeitet und ausgewertet werden, auch sind unnötige Doppelungen an Informationen zu vermeiden bzw. diese zu entnehmen.

Begründungen gehören eigentlich zu den Abschlussarbeiten, Schüler finden es jedoch hilfreich, wenn man sie schon früher einführt. Für die Schüler bedeutet es Zeitersparnis bei den ohnehin schon umfangreichen Abschlussarbeiten und auch leichteres Arbeiten mit den Unterlagen, da sie schnell erkennen, welche Informationen im Dokument enthalten sind oder ob sich Doppelungen ergeben. Ein weiteres Argument für die frühere Einführung der Begründungen ist, dass sie den Schülern nicht leicht fallen. Führt man sie früher ein, kann man sie in den Projektstunden verstärkt üben und die Schüler haben mehr Möglichkeiten, sich beraten zu lassen, wenn sie das Gefühl haben, damit nicht zurechtzukommen.

83 Weitere Erklärungen finden sich in Kapitel 10 sowie im Bewertungsraster des Portfolios (Vorlagen 19.9).

Die Begründungen sollen auf jedem Dokument der Unterlagen vorhanden sein. Eine solche Begründung erklärt, warum gerade dieses Dokument im Portfolio aufgenommen wurde, was der Schüler dadurch Neues über sein Thema gelernt oder erfahren hat. Sie passt nur zu diesem Dokument.

Reflexionen fallen den Schülern – trotz Anleitung – noch schwer. Man sollte sie immer wieder darauf aufmerksam machen, dass sie nicht nur „technische Dinge" im Sinne eines Protokolls aufschreiben, sondern auch ihre Gedanken, was ihnen gelingt und was ihnen nichts bringt, eventuell mit Begründungen. Wichtig ist für die Schüler das Gefühl, offen sein zu dürfen, Vertrauen haben zu können.

Die *Präsentation* bildet ein eigenes Kapitel im Portfolio. Hier nimmt der Schüler möglichst alle in seiner Präsentation verwendeten Texte, Medien und Unterlagen auf. Seine eigene Fragestellung beantwortet er in einem zusammenhängenden, selbst verfassten Text. Außerdem werden die Schüler dazu ermuntert, am Tag der Präsentation und auch am Wochenende nach der Präsentation eine Reflexion zu schreiben. Die Präsentation findet bei uns an einem Freitagnachmittag statt, so haben die Familien die Möglichkeit, dabei zu sein, die Schüler wiederum brauchen das Wochenende nach der Präsentation dringend zur Erholung.

Vergleiche:[84] Die Schüler sollen durch zwei Vergleiche ausdrücken, wie sie die Durchführung der Präsentation und die Portfolio-Arbeit empfunden haben und begründen, warum ihnen gerade dieser Vergleich in den Sinn gekommen ist. Für die Schüler ist folgende Formulierung hilfreich: „Denkt einmal an die Präsentation zurück – wie habt ihr euch da gefühlt und wann hattet ihr schon einmal ein ähnliches Gefühl?"

Aufsatz: Jeder Schüler schreibt einen Aufsatz über die Projektzeit mit allen Höhen und Tiefen, allen Problemen und Erfolgen angefangen von der Projektvorstellung bis zur Präsentation. Dies soll keinesfalls in Form eines Protokolls geschehen, viel wichtiger dabei sind Überlegungen, Stimmungen, Gefühle. Bei leistungsstarken Schülern wird der Aufsatz durch einen Perspektivwechsel besonders reizvoll, jüngere Schüler schreiben diesen Aufsatz gern aus der Sicht ihrer Brille, ihres Haustiers, ihrer Armbanduhr, während man bei älteren Schülern eher aus der Sicht eines unbeteiligten Beobachters, eines Freundes, eines Familienmitglieds schreiben lässt.

84 Siehe Beispiele (17.4 und 17.5).

Das *Nachwort*[85] ist das Kernstück des Portfolios mit einer Abschlussreflexion, d.h. einer Metareflexion des Schülers über seinen Lernweg im Verlauf des Projekts. Hier zieht er ein Fazit seiner Arbeit, schildert, was ihn bei seiner Arbeit behindert hat, seien es die Öffnungszeiten der Bücherei, der kleine Bruder oder seine Planlosigkeit, aber auch, was für ihn hilfreich war, z.B. das Interesse seiner Familie, Tipps von Opa, ein gutes Buch mit Informationen, seine Gruppe. Am Ende seines Nachworts zeigt er auch Perspektiven für zukünftiges Lernen auf, wie er an ein neues Projekt herangehen würde, was er wieder so machen oder was er ändern würde.

Dieses Nachwort fällt vielen Schülern sehr schwer, das erste Portfolio ist ein typisches Anfängerportfolio, es kann in der Reflexion gar nicht ausgereift sein. Auch die Reflexion ist ein allmählicher Lernprozess!

13.4 Schülerselbstbewertung

Vor der endgültigen Abgabe des Ordners bewertet jeder Schüler schließlich noch sein eigenes Portfolio. Diese Schülerselbstbewertung sollte zu einem gewissen Prozentsatz in die Endbeurteilung eingehen, falls die rechtlichen Gegebenheiten dies erlauben. Ansonsten sollten die Schüler auf alle Fälle die Elemente ihres eigenen Portfolios einschätzen, damit sie lernen, auch die eigene Leistung realistisch zu beurteilen.

Bevor man den Schülern die Bewertungsraster zur Schülerselbstbewertung aushändigt, sollte man auch ganz klar mit ihnen besprechen, was Sinn und Zweck dieser Selbstbewertung ist: Man räumt ihnen einen Freiraum zur Selbstbewertung ein, den sie nicht missbrauchen sollten. Sie sollten sich bemühen, verantwortungsbewusst damit umzugehen.

In manchen Debatten mit Schülern über die Selbstbewertung ergab sich von Seiten der Schüler folgendes Meinungsbild:

Der Anteil der Schülerselbstbewertung an der Gesamtnote sollte nicht zu gering ausfallen, sonst fühlen sich die Schüler nicht ernst genommen. Er sollte wiederum auch nicht zu hoch sein, denn das fördere die Unehrlichkeit und strategisches Denken beim Schüler. Das ideale Maß liege bei ca. 20% der Portfoliobewertung durch den Schüler.

85 Siehe Beispiele (17.8).

13.5 Bewertung des Portfolios

Während dem erfahrenen Lehrer die Korrektur einer Klassenarbeit relativ leicht von der Hand geht und man sich mittlerweile auch in die Bewertung von Präsentationen eingearbeitet hat, steht man als Portfolio„neuling“ etwas ratlos vor der Beurteilung dieser neuartigen Mappe.

Zwei sehr wichtige Prinzipien bei der Bewertung eines Portfolios seien vorangestellt.

> Ein Portfolio erfordert
> eine ganzheitliche Bewertung.
>
> Das Portfolio bleibt im Originalzustand.

Damit ist gemeint, das endgültige Portfolio wird nicht korrigiert. Hat der Schüler im Portfolio korrigierte Texte aufgenommen, so sieht man zwar die damaligen Korrekturen, aber sie bleiben so stehen als Zeichen des Lernfortschrittes.

Wenn es um die Einschätzung eines Portfolios geht, vermeiden wir das Wort „Korrektur“. Wir bewerten ein Portfolio, „korrigieren“ es aber nicht. Eine akribische Korrektur würde einerseits einen enormen Arbeitsaufwand bedeuten, wäre andererseits aber auch nicht im Sinne eines Portfolios, das versucht, den Lernweg eines Schülers darzustellen und daher auch Unvollkommenes, Umwege und Sackgassen aufzeigt. Man kann den Schüler nicht auffordern, seine Umwege und Sackgassen zu dokumentieren, und sie ihm nachher „ankreiden“, denn die logische Konsequenz wäre natürlich, dass er in Zukunft diese „Schwächen“ versteckt und verschweigt. Man wäre sonst auch gezwungen, für einen nicht optimalen Lernweg eine schlechtere Note zu geben. Das alles aber widerspricht der Intention des Portfolios, denn der Schüler soll ja gerade aus seinen Fehlern lernen, um seinen Lernprozess optimieren zu können.

Daher rührt der *holistische*, der *ganzheitliche* Ansatz zur Einschätzung des Portfolios.

Um Lernprozesse sichtbar werden zu lassen, sollten alle Entwürfe, Skizzen und „Zwischenstationen“ als feste Bestandteile ins Portfolio aufgenommen werden. Für die Bewertung darf es keine Rolle spielen, ob der Lernweg relativ einfach und gerade verläuft oder ob viele Sackgassen und Umwege dokumentiert werden, es geht nur um die Frage, ob und in welchem Maße der Lernweg für den Leser des Portfolios ersichtlich ist.

Bei der Bewertung eines Portfolios überprüft man die einzelnen Elemente und schätzt sie ein. Anmerkungen dazu kann man auf dem Raster vermerken, das Portfolio an sich bleibt unkommentiert.

Die Einschätzung der Qualität eines Portfolios ist in gewissem Maße subjektiv, daher wäre es ideal, wenn jedes Portfolio von mehr als einem Lehrer bewertet werden könnte. Hier bietet es sich an, mit Kollegen zusammenzuarbeiten, die ebenfalls Portfolioarbeit durchführen.

Für die Bewertung des Portfolios ist entscheidend, welche Schwerpunkte und Ziele man im Portfolioprozess gesetzt hat. Im Projektportfolio, wie wir es durchführen, sollten sich Prozess und Produkt im Wert entsprechen, denn auch der Prozess ist unser „Produkt". Dies führt bei uns zu einer Verteilung der Punkte wie in Abb. 22 dargestellt.

Die Bewertung des Portfolios muss man immer an den Prozess anpassen, daher kommen folgende Aspekte zum Tragen:

- Welches Ziel hat dieses Portfolio?
- Welche Schwerpunkte setze ich?
- Wie alt sind die Schüler?
- Ist es das erste Portfolio der Schüler? Wie viele haben sie vorher schon gemacht?

Ab dem 2. Portfolio einer Klasse teilen wir das Raster schon sehr früh an die Schüler aus und verwenden es als Diskussionsgrundlage, um einen Konsens mit den Schülern zu erzielen. Auch das ist eine Stärkung von Mitbestimmung des Schülers und eine Verstärkung seiner Motivation. Außerdem schafft es Transparenz bezüglich der Anforderungen, die wir an die Schüler stellen.

Nach der Einschätzung des Portfolios durch den Lehrer und der Verrechnung mit der vereinbarten Bewertung, die sich der Schüler selbst gegeben hat, erteilt man eine Endnote für das Portfolio. Für die Endnote bietet sich eine lineare Verteilung an, wobei man einen gewissen „Sockel" einplanen kann. Bei einer Zahl von maximal 100 Punkten beginnen wir bei ca. 90 Punkten mit der linearen Verteilung der Noten, der Bereich zwischen 90 und 100 Punkten ist der Sockel, in dem die Portfolios die Note 1 erhalten.

Portfolio

2006/07 Klasse 6

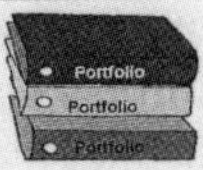

Punkte	Anforderungen				
60	**Dokumente und Unterlagen**				
	Unterlagen				**20**
		4a		4	
		4b		6	
		4c		4	
		4d		4	
		4e		2	
	Präsentationsmaterial				**32**
		8a		30	
		8b		2	
	Lernweg	*13*			**8**
10	**Gestaltung**				
	Vorwort	*1*			**3**
	mitw. Inhaltsverzeichnis	*2*			**2**
	Mindmaps	*3*			**3**
	Design	*12*			**2**
30	**Reflexion**				
	Begründungen (reflexiv)				**6**
		5a		2	
		5b		4	
	Reflexionen	*6*			**3**
	Reflexionen zu Beratungen	*7*			**1**
	Vergleiche	*9*			**4**
	Bilder			1	
	Begründungen			3	
	Aufsatz	*10*			**6**
	Abschlussreflexion (Nachwort)	*11*			**10**
	Gesamtpunktzahl				**100**

Abb. 22: Portfoliobewertung – Verteilung der Punkte

Bei der Rückgabe der Portfolios sollte den Schülern die Einzelbewertung der verschiedenen Punkte auf dem Raster ausgeteilt werden, damit sie in einem weiteren Portfolio diese Rückmeldung nutzen können. Ideal ist nicht nur die Mitteilung der Bewertung, sondern zusätzlich eine schriftliche oder mündliche Kommentierung des Portfolios bei der Rückgabe. Überdies bieten wir unseren Schülern ein abschließendes Gespräch über ihr Portfolio an.

13.6 Mehrmaliges Portfolio als nachhaltiger Effekt

Von „Anfängerportfolios“ darf man nicht zu viel erwarten, deutliche Steigerungen der Reflexionsfähigkeit sind bei Folgeportfolios zu verzeichnen. Des Weiteren kann man zwar durch ein erstes Portfolio viele Verbesserungen in der Arbeitshaltung der Schüler feststellen, in der Art, wie sie an eine Aufgabe herangehen, wie sie strukturiert arbeiten, doch sind das im Prinzip ausbaufähige Erkenntnisse, die unbedingt weiter verfolgt werden müssten.

Mit unserer ersten Projektklasse führten wir insgesamt vier Portfolioprozesse durch. Bereits das zweite Portfolio der Schüler war weitaus ausgereifter und stellenweise unglaublich in der Reflexion. Viele Schüler erkannten sehr genau ihre Stärken und wussten um ihre Schwächen, wobei sie oft klar ausdrücken, wie sie mit diesen in Zukunft umgehen wollen. Dies war verstärkt im dritten Portfolio spürbar.

Vor dem vierten Portfolioprozess kamen dreizehn neue Schüler – ohne Portfolioerfahrung – in die Klasse.

Am Ende stellten wir Folgendes fest: Die Portfolios fielen in dieser Klasse naturgemäß sehr unterschiedlich aus, die neu hinzugekommenen Schüler fertigten Portfolios an, die in der Reflexion und der Selbstbewertung eher Anfängerportfolios entsprachen – was sie ja auch tatsächlich waren. Die Portfolios der erfahrenen Schüler – immerhin ihr viertes Portfolio – waren in der Reflexion überaus fortgeschritten und sehr ausgereift. Dies unterstreicht wiederum unseren Ansatz zur Nachhaltigkeit, es ist schlechterdings unmöglich, dass ein einmaliges Portfolio über das Stadium des Anfängerportfolios hinauskommen kann.

Ein einmaliges Portfolio ist zu wenig, um die Potenziale der Methode für gemeinsames und individuelles Lernen kennenzulernen bzw. ausschöpfen zu können. Insbesondere die Kultur der Portfoliogespräche braucht Zeit, um etabliert zu werden.

Unser Fazit lautet daher: Portfolioarbeit ist dann sinnvoll, wenn das erste Portfolio einer Klasse die Basis für weitere Portfolioarbeit darstellt.

14 Abschlussgespräche

Am Ende des Portfolioprozesses bieten wir jedem Schüler ein Abschlussgespräch an. Viele Schüler wünschen ein solches Gespräch, um sich bei künftigen Prozessen verbessern zu können.

Diese Abschlussgespräche finden meist außerhalb des Unterrichts statt. Die Grundlage für dieses Gespräch ist immer das Bewertungsraster. Dabei liegt das bewertete Raster dem Schüler und dem Projektleiter vor, es zeigt die Bewertung des Portfolios durch das Team bzw. den Projektlehrer sowie die Schülerselbstbewertung oder Schülerselbsteinschätzung. Außerdem liegt das Portfolio vor.

Der Schüler hat sich auf das Abschlussgespräch vorbereitet, da ihm die Beurteilung seines Portfolios bereits auf Grund des Rasters vorliegt und ihm die Fragen des Lehrers vorher mitgeteilt wurden. Als Einstieg bieten sich folgende Fragen an:

- Was geht dir durch den Kopf, wenn du dein Portfolio siehst?
- Was ist dir gelungen, worauf bist du stolz? Warum?
- Hättest du etwas besser machen können? Was? Warum?

Nun kann man über die unterschiedlichen Einschätzungen auf dem Raster sprechen (dabei wird das vorliegende Portfolio zu Rate gezogen), bevor die abschließenden Fragen dem Schüler Raum für ein Feedback geben:

- War das Portfolio für dich sinnvoll? Warum / Warum nicht?
- Was hast du durch das Projekt und das Portfolio gelernt?
- Sollten wir beim nächsten Mal irgendetwas ändern?
- Möchtest du abschließend noch etwas bemerken?

Bei einem weiteren Portfolio bietet sich auch eine solche Frage an:

- Gibt es für dich Unterschiede zwischen dem ersten und dem zweiten Portfolio?

Dieses Gespräch wird zwar durch die Fragen gesteuert, aber vom Schüler mit Leben gefüllt, es wird stärker vom Schüler dominiert als vom Lehrer.

Der Lehrer hört vor allem zu, notiert die Antworten, fragt auch nach, spricht selbst einige Punkte an, die ihm wichtig sind, aber im Großen und Ganzen gestaltet der Schüler den Inhalt des Gesprächs.

Am Ende erhält der Schüler eine Kopie des Protokolls, damit er die Möglichkeit hat, bestimmte Elemente beim nächsten Portfolio zu verbessern.

Dieses Abschlussgespräch dient als abschließendes Feedback für Lehrer und Schüler für die zurückliegende Portfolioarbeit. Im Abschlussgespräch kann der Schüler

- seine Kompetenzen aufzeigen, er schildert seine Sichtweise,
- sagen, was er beim nächsten Mal besser machen kann (Reflexion),
- seine Schwierigkeiten beim Portfolio schildern,
- äußern, was man beim nächsten Mal ändern kann, was für ihn hilfreich wäre.

Abbildung 23 auf S. 89 verdeutlicht den Ablauf des Projekts:

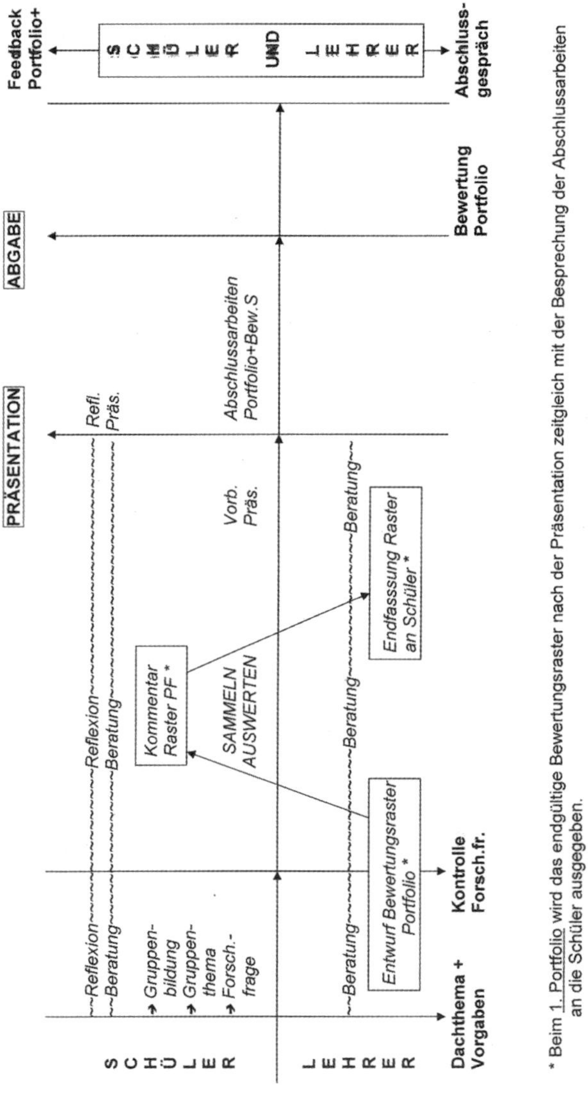

Abb. 23: Der Portfolio-Prozess

15 Das Writing Portfolio – eine reizvolle Variante

15.1 Arten von Portfolios

Das Portfolio gibt es ebenso wenig wie *das* Gedicht, da Portfolio genauso vielfältig ist wie Lyrik. Portfolios unterscheiden sich zum Beispiel in ihren Zielen und Zusammensetzungen; darin, wer die Auswahl trifft, die in einem Portfolio enthalten ist, in welchen Bereichen die Schwerpunkte liegen. Auch im Bereich Bildung können Portfolios in verschiedene „Arten" eingeteilt werden. Und doch ist all diesen Arten gemeinsam, dass das Portfolio dem Lernenden ermöglicht, sich seiner Lernstrategien bewusst zu werden und durch seine Reflexion seinen persönlichen Lernprozess zu evaluieren und auch zu optimieren.

Neben dem Projektportfolio finden sich unter anderem:

- Das *Lernportfolio*, in dem über einen längeren Zeitraum Arbeiten von Beginn bis zum Abschluss eines Lernprozesses gesammelt werden und dessen Schwerpunkt vor allem auf dem Lernprozess liegt, auf der Darstellung des Lernzuwachses, der Lernerfolge und der Schwierigkeiten des Lernenden
- Das *Talentportfolio*, in dem der Lernende seine schulischen und außerschulischen Kompetenzen, Stärken und Interessen aufzeigt.
- Das *Bewerbungsportfolio* – es enthält eine Zusammenstellung erforderlicher Dokumente und aussagekräftiger Unterlagen für eine Bewerbung.
- Das *Vorzeigeportfolio (showcase portfolio),* für das der Lernende nur seine besten Arbeiten – meist über einen längeren Zeitraum hinweg – auswählt.

Eine weitere Variante stellt das „Writing Portfolio" dar. Es eignet sich vor allem für das Fach Deutsch sowie für die Fremdsprachen. Es empfiehlt sich aber, diese Art nicht als erstes Portfolio einer Klasse erstellen zu lassen, da das „Writing Portfolio" sehr viel Beratungszeit erfordert – was nicht unbedingt mit der erstmaligen Erstellung eines Portfolios mit all seinen Elementen zusammenfallen sollte.

15.2 Intentionen des „Writing Portfolio“

Das Writing Portfolio ist eine Möglichkeit zur Erstellung freier Texte, sowohl in der Muttersprache als auch in den Fremdsprachen. Es enthält viele Portfolio-Elemente wie z.B. die Reflexion, allerdings begleitet dieses Portfolio kein Projekt. Es entfallen also Bausteine wie Informationsbeschaffung, Textauswertung und die Gruppenpräsentation. Sie werden ersetzt durch Vorgaben, die die Schüler auffordern, freie Texte zu schreiben. Durch diese Art des Portfolios üben alle Schüler einer Klasse das Verfassen von Texten, alle erhalten Feedback zu ihren Texten, sie haben die Chance, diese Texte vor der Bewertung zu verbessern, und vor allem arbeiten sie konstruktiv mit Hilfe eines gemeinsam erarbeiteten Kriterienkatalogs an ihren Texten, ohne sich in einer Prüfungssituation zu befinden.

15.3 Themenstellung

Die Themenstellung sollte dem Alter der Schüler entsprechen, ihre Vorkenntnisse einbeziehen, seien es bestimmte Textformen oder ihre Fremdsprachenkenntnisse. Wichtig ist es auch, sehr unterschiedliche Themen und Textsorten anzubieten, damit sich die Schüler ihren Interessen gemäß orientieren können.

15.4 Festlegung der Rahmenbedingungen

Hier bietet sich für den Lehrer eine breite Palette an Möglichkeiten. Man kann unterscheiden zwischen Wahl- und Pflichtaufgaben, man kann auch die mindestens einmalige Bearbeitung aller gestellten Aufgaben zur Pflicht machen, falls man dem Schüler die Gelegenheit gibt, eine der gestellten Aufgaben, die ihm am wenigsten gelungen erscheint, aus dem Portfolio zu entnehmen. Es müssen auch nicht gezwungenermaßen alle Lernprozesse dokumentiert werden, man kann Zwischenreflexionen verbindlich einplanen, der Phantasie und Kreativität sind keine Grenzen gesetzt!

Wichtig ist es, genügend Auswahlmöglichkeiten auch innerhalb der Aufgaben zu bieten, damit die Schüler die Möglichkeit haben, ihre eigenen Interessen und Stärken mit ins Spiel zu bringen.

Klar strukturierte Zeitspannen mit Abgabeterminen sind hilfreich, da manche Schüler mit einem großzügig bemessenen Zeitraum ohne

Zeitschienen nicht zurechtkommen. Dies liegt auch im Interesse des Lehrers, sonst kann es vorkommen, dass sich gegen Ende des Zeitraums die Korrekturen häufen.

15.5 Durchführung von Projektstunden

Von entscheidender Bedeutung ist auch bei diesem Portfolio, dass sämtliche Rahmenbedingungen, der strukturierte Zeitplan sowie die Bewertung des Portfolios den Schülern transparent gemacht werden.

Nach der Projekteinführung sowie der Vorstellung der Wahl- und Pflichtaufgaben wird die wichtigste Aufgabe in Angriff genommen: Gemeinsam mit den Schülern werden Kriterienkataloge für die einzelnen Textsorten erarbeitet, die den Schülern bei der Erstellung ihrer Texte und bei der Beurteilung der eigenen sowie der Texte der Mitschüler weiterhelfen. Ein Beispiel: Was macht eine gute Bildergeschichte aus?

Die Projektstunden haben natürlich ein ganz anderes Gesicht als bei der Projektarbeit. Statt Gruppenberichten herrscht Einzelarbeit vor, außerdem finden sehr viele Beratungen statt. Gerade beim Verfassen von muttersprachlichen Texten bieten sich gegenseitige Schülerberatungen an, es kann auch in offenen Gruppen gearbeitet werden, die gemeinsam ihre Texte mit Hilfe des Kriterienkatalogs besprechen und verbessern. Für die Fremdsprachen ist dieses Vorgehen nur für den Inhalt möglich, der Lehrer ist durch Beratungswünsche sehr stark gefordert, was die Sprachkompetenz angeht.

In den Projektstunden sollten auch genügend Nachschlagewerke (Wörterbücher, Grammatiken, ...) bereitgestellt werden.

15.6 Präsentation des „Writing Portfolio“

Zu jedem Portfolio gehört eine Präsentation. Hier ist eine kurze Präsentation gefordert, die folgende Fragen beantwortet:

Wie setzt sich *mein* Portfolio zusammen, was habe ich ausgewählt und warum, was ist mir gut gelungen, wo hatte ich Probleme?

Außerdem sollte jeder Schüler *das* „Highlight“ seines Portfolios verlesen (eventuell in Auszügen).

15.7 Ein Beispiel aus dem Englischunterricht einer 8. Klasse des Gymnasiums

Dieses Portfolio enthielt folgende Aufgaben:

1. *poems* – Es standen fünf verschiedene Gedichtformen zur Auswahl. Die Schüler sollten Gedichte schreiben, wobei sie drei dieser Formen auswählten. Die Themen standen im Ermessen des einzelnen Schülers.
2. *picture story* – aus neun verschiedenen Bildergeschichten wählte der Schüler eine aus und schrieb einen interessanten / lustigen / spannenden Text.
3. *open-ended story* – eine Geschichte sollte umgeschrieben werden oder/und ein Schluss war zu ergänzen.
4. *story* – aus 8 Lektüren wählte der Schüler eine aus, schrieb ein „summary" der Geschichte und einen Kommentar zu dieser Geschichte/dieser Aufgabe. (Leitfragen waren vorgegeben)

Jeder Schüler musste alle vier Aufgabenfelder mindestens einmal bearbeiten, Punkt 4 war obligatorisch, von 1-3 waren zwei Bereiche verbindlich abzugeben, die Entscheidung lag beim Schüler.

Für einen der Aufgabenbereiche war der gesamte Lernprozess zu dokumentieren, dazu sollte eine Reflexion verfasst werden. Für die anderen beiden genügte das vom Schüler ausgewählte Endprodukt.

Die Durchführung dieser Aufgaben lief folgendermaßen ab: Wir „korrigierten" den sprachlichen Aspekt der Texte auf eine spezielle Weise: Zu Beginn dieses Portfolios bekamen die Schüler eine Legende, in der sprachliche Fehler klassifiziert waren, z.B. bedeutete die Ziffer 3, dass sie die falsche Zeit gewählt hatten. Diese Ziffern tauchten am Rand der Zeile in Grün auf. Das bewirkte, dass sich ein Schüler nach der Textkorrektur intensiv mit seinen Fehlern auseinandersetzen musste, um sie selbstständig zu verbessern.

Im Übrigen wurde grün statt der „normalen" Korrekturfarbe rot gewählt, um die Assoziation „rot = falsch" zu vermeiden.

Eines Tages kam ein Mädchen, um ihren erstmals korrigierten Text abzuholen. Die Anzahl der grünen Ziffern am Rand war extrem hoch, aber schon in der nächsten Projektstunde gab sie eine verbesserte Version ab. Nach der Korrektur dieser Folgeversion waren am Rand noch ungefähr die Hälfte der Ziffern vorhanden (was in einer „normalen" Klassenarbeit zu keinem befriedigenden Ergebnis geführt hätte). Die Schülerin aber war auf die offensichtliche Verbesserung sichtlich stolz und ging ungeheuer motiviert an eine weitere Verbesserung ihres Textes.

Die Entscheidung, wann Schüler mit der Version ihres Textes zufrieden waren und sie ihn als ihre Endfassung vorlegen wollten, lag allein in ihrem Ermessen, sie konnten den Text so lange verbessern und wieder abgeben, bis sie selbst damit zufrieden waren. Die oben erwähnte Schülerin gelangte auf diese Weise bei der sechsten Version ihres Textes an, er war nun nahezu fehlerlos. Sie hätte sich auch mit einer früheren Version zufrieden geben können, aber das wollte sie nicht. Das bestärkte uns in dieser Arbeitsweise, denn welcher Schüler würde schon im Rahmen einer traditionellen Hausarbeit freiwillig sechs Versionen eines Textes bearbeiten?

Sobald der Zeitraum für die Texterstellung abgeschlossen war und die Schüler ihre Texte ausgewählt hatten, stand die Präsentation an. Jeder Schüler musste kurz (in 5 Minuten) der Klasse und dem Team in englischer Sprache sein Portfolio vorstellen, dessen Zusammensetzung, was ihm gelungen und was ihm schwer gefallen war. Diese Vorstellung sollte visualisiert werden, dabei war die Zusammensetzung des individuellen Schülerportfolios anhand eines Vergleichs zu verdeutlichen.[86]

15.8 Unterschiede zum Projektportfolio aus Schülersicht

In einem abschließenden Gespräch über diese neue Form der Portfolioarbeit begrüßten die Schüler den Freiraum ohne Leistungsmessung, den sie bei der Erstellung der Texte erfahren hatten. Sie konnten aus ihren Fehlern lernen und sich in den Bereichen, in denen sie Schwächen aufwiesen, ohne Notendruck verbessern, bevor die eigentliche Leistungsmessung, die Bewertung der Texte im Portfolio, durchgeführt wurde.

Allerdings vermissten viele die Gruppenarbeit, den Austausch und die Absprachen innerhalb der Gruppe doch sehr.

Andere Schüler sahen auch Vorteile in der Einzelarbeit („Wenn ich schneller arbeite als die anderen, muss ich nun niemanden mehr antreiben!“). Für kreative Schüler bot dieses Portfolio ein weites Betätigungsfeld, das sie mit Feuereifer bearbeiteten. Schülern, die hier deutliche Schwächen aufweisen, sei es beim Verfassen von

86 Siehe Beispiel 17.7.

Texten, sei es in der Fremdsprache, erscheint ein solches Portfolio wie eine Last, ein „Berg an Hausaufgaben".

Daher sollte man die Menge der Aufgaben in Beziehung zu der Zeitspanne setzen, innerhalb derer sie bearbeitet werden müssen.

16 Wer profitiert von Portfolioarbeit?

These: Durch Portfolioarbeit erreicht man eine verstärkte Motivation, Eigentätigkeit und Eigenverantwortung der beteiligten Schülerinnen und Schüler.

Im Laufe der Portfolioarbeit kann man eine Verstärkung der Motivation der Schüler, ihrer zunehmenden Eigentätigkeit und eine in hohem Maße sich entwickelnde Eigenverantwortung für ihren Lernprozess beobachten.

Dies beginnt schon bei der Vorstellung des Projekts. Die Schüler erkennen, dass sie in vielen Bereichen ein Mitspracherecht haben, sie fühlen sich ernst genommen und spüren, dass wir – mit diesem Projekt – ihnen sehr vieles zutrauen. Die in sie gesetzten Erwartungen erscheinen ihnen machbar und reizvoll.

Die erste Motivation für selbstgesteuertes Lernen ist die eigene Wahl des Themas. Wir unterstützen die Schüler, wo immer es geht, aber wir nehmen ihnen niemals ihre Eigenverantwortung und ihre Eigentätigkeit ab. Auch sind wir stets sehr vorsichtig mit Restriktionen und Einschränkungen. Beratung ja, aber keine Bevormundung, keine Steuerung.

Eigentätigkeit und Eigenverantwortung ergibt sich nun in vielen Bereichen:

- Bearbeitung von selbstgewählten offenen Fragestellungen je nach Interessenlage der Schüler, was die Eigenverantwortung und die Selbststeuerung im Unterricht fördert,
- freie Wahl der Schülerarbeitsgruppe,
- Informationsbeschaffung, Informationsauswertung, Dokumentation,
- Wahl der Arbeitsform in den Projektstunden,
- Planung und Durchführung der Präsentationen,
- Festlegung der Reihenfolge der Präsentationen,
- Erarbeiten von verschiedenen Kriterienkatalogen,
- gemeinsame Erarbeitung von Bewertungsrastern,
- gegenseitige Bewertung der Präsentationen durch die Schüler,
- dazu in unseren Projekten Schülerselbstbewertung im Portfolio,
- Übernahme von Aufgaben in der Gruppe, schülerinterne Regelung der Aufgabenverteilung bei der Präsentation,

– gemeinsame Evaluation der Projektphase,
– gegenseitige Beratungen (zur Forschungsfrage oder bei Schülerberatungen im Portfolioprozess),
– Reflexion des eigenen Lernprozesses (Portfolio),
– Übernahme von Verantwortung für den eigenen Lernprozess.

Auch im Writing Portfolio haben die Schüler vielerlei Entscheidungsfreiheiten:

– freie Wahl der zu bearbeitenden Elemente,
– freie Auswahl innerhalb der „Themen-Bausteine“,
– Auswahl in den Themengruppen,
– der Schüler entscheidet, welche Fassung er als Endfassung einreichen möchte.

Zu dieser Übernahme von Eigentätigkeit und Eigenverantwortung gehört auch unser Umgang mit Fehlern. Wir haben während der Portfolioarbeit eine regelrechte Fehler„kultur“ entwickelt. Wir verstehen Fehler als Chance, Erkenntnisse zu gewinnen, um einen Lernzuwachs zu erreichen.

Die Verbindung von Projekt- und Portfolioarbeit bewirkt einen Wandel im Selbstverständnis der Schüler. Man beobachtet eine bereitwillige Übernahme von Verantwortung für das Projekt, für den eigenen Lernprozess, ja selbst für die Arbeit des Lehrers. Dies verdeutlicht eine Schüleraussage in der Vorbereitungsphase des Writing Portfolio: „Sie müssen aber unbedingt Zeitschienen einbauen, sonst kommen Sie mit der Korrektur nicht klar, das wird zu viel auf einmal!“

Auch daran sieht man, dass das gegenseitige Verständnis wächst, Schüler und Lehrer betrachten sich als Mitglieder eines Teams.

Diese veränderte Arbeitshaltung wird auch in anderen Fächern spürbar. Die Schüler lernen, ihre Arbeit sinnvoll zu planen und einzuteilen, selbst in Vertretungsstunden arbeiten sie selbständig an ihrem Portfolio weiter.

Viele Beispiele lassen sich in den verschiedenen Portfolios für eine erhöhte Motivation der Schüler finden, denn die Schüler öffnen den „Raum Schule“, in dem normalerweise das schulische Lernen seinen Platz hat, und suchen erfolgreich nach weiteren Quellen. Dies belegen Protokolle und Materialien in den Portfolios, die von vielfältigen Aktivitäten der Schüler berichten: Museumsbesuche E-Mails und Telefonate an Ämter, Akademien, Besuch einer Kläranlage, Interviews mit Muttersprachlern (ein Ägypter äußerte sich zum Alltagsleben in den Dörfern, eine Britin zu Festen und Traditionen in Großbritannien) oder auch Beratungen durch Experten. All diese Unternehmungen beruhen auf Eigeninitiative der betreffenden Schüler.

Man kann also sagen, der gesamte Lernprozess von der Themenfindung über die Materialsammlung und Auswertung bis zur Darstellung der Ergebnisse in der Präsentation und im Portfolio sowie die Reflexion des eigenen Lernprozesses liegt in hohem Maße in der Eigenverantwortung der Schüler. Dessen sind sie sich sehr wohl bewusst.

These: Man verzeichnet eine verbesserte Teamfähigkeit und eigenverantwortliche Leistung der beteiligten Schülerinnen und Schüler.
Neben den bereits oben ausgeführten Bereichen zu eigenverantwortlichen Leistungen der Schüler muss die starke Verbesserung der Sozialkompetenz hier Erwähnung finden. Diese Sozialkompetenz macht sich vor allem in der Gruppenarbeit bemerkbar. Versagt an einer Stelle die Teamfähigkeit der Schüler, so stockt der Fortschritt in der Projektarbeit, die Schüler müssen dann erst wieder eine klare Linie in ihre Zusammenarbeit bringen, damit es weitergehen kann. Dadurch laufen überaus wichtige gruppendynamische Prozesse ab. Sie lernen, in der Gruppe Verantwortung für die gemeinsame Arbeit zu übernehmen.

Zu Beginn des Projekts schlagen wir Folgendes vor: In der Gruppenarbeit übernimmt jeder Schüler innerhalb der Gruppe auf Absprache einen bestimmten Aufgaben- und Tätigkeitsbereich. Die konkrete Umsetzung dieses Vorschlags bleibt jedoch völlig in der Verantwortung der Schüler.

Die hauptsächliche Arbeit dieses Projektunterrichts wird von den Schülern in ihrer Freizeit geleistet. Sie übernehmen diese zusätzliche Belastung ohne Probleme und ohne Vorbehalte, da sie sehr stark motiviert sind. Sie organisieren Gruppentreffen, veranstalten privat „Proben“ für die Präsentation und sind als Gruppe für ihre Forschungstätigkeit selbst verantwortlich.

Unterstützt werden diese Prozesse in der Entwicklung der Sozialkompetenz durch Beratungen des Teams, sobald eine Gruppe den Wunsch dazu äußert.

Ein weiterer Aspekt der verbesserten Teamfähigkeit der Schüler sind die gegenseitigen Beratungsgespräche zur „Forschungsfrage“ und die Schülerberatungen, die zum Teil in den Projektstunden, zuweilen aber auch außerhalb des Unterrichts stattfinden. In diesen Schülerberatungen unterstützen sich die Schüler gegenseitig, sie müssen dabei die Arbeit des anderen einschätzen und beurteilen und ein Protokoll des Gespräches erstellen.

Ein weiterer Beleg für diese These findet sich im Portfolioprozess einer 9. Klasse in Physik. Diese Klasse war mit 33 Schülern zu Beginn des Schuljahres neu zusammengesetzt worden. 20 Schüler waren bereits erfahren in Projekt- und Portfolioarbeit, denn sie hatten in den vergangenen Schuljahren bereits drei Portfolios erstellt. Die neu hinzugekommenen Schüler dagegen hatten keinerlei Erfahrung in Projektunterricht, Präsentationstechniken und Portfolioarbeit. In dieser Klasse verfügen die „erfahrenen" Schüler durch die Projektarbeit aber über eine überragende Sozialkompetenz, so dass die Integration der „Neuen" sehr leicht fiel. Erfahrungen, Tipps und Hilfen wurden bereitwillig weitergegeben.

These: Portfolioarbeit dient dem Erwerb von Schlüsselqualifikationen.

a) Methodenkompetenz

Die Schüler lernen die *alleinverantwortliche Beschaffung von Informationen* aus den verschiedensten Quellen. Wichtig dabei ist vor allem, den Schülern den *kritischen Umgang* mit diesen Informationen zu vermitteln, sei es in Büchern oder vor allem bei Seiten aus dem Internet. Sie müssen erfahren, wie Texte ins Internet gestellt werden können, dass im Prinzip jedermann Seiten (fast) jeden Inhalts und jeder „Couleur" im Internet unterbringen oder zum Teil auch in Büchern abdrucken kann, ohne dass der Wahrheitsgehalt oder die Objektivität überprüft werden.

Nach der Informationsbeschaffung werden weitere Kompetenzen gefordert wie sinnerfassendes Lesen, Auswerten des Infomaterials, Strukturieren der Themen (Einsatz von Mindmaps). Im Portfolio wird das Informationsmaterial dokumentiert und kritisch ausgewertet, Doppelungen an Informationen sind zu vermeiden, daher erfolgt eine eigenverantwortliche Auswahl (aussortieren) durch den Schüler.

Weiterhin lernen die Schüler Präsentationstechniken, die Gestaltung von Präsentationen mit sinnvollem und vielfältigem Einsatz von Medien zur Visualisierung, die freie Rede und die Kooperation innerhalb der Gruppe im Laufe einer Präsentation.

Das Portfolio fördert die Reflexion der eigenen Vorgehensweise und der eigenen Leistung, dadurch ergeben sich sinnvolle Konsequenzen für die Weiterarbeit.

b) Sozialkompetenz

Im Bereich Sozialkompetenz stellt sich Lernzuwachs ein, zunächst einmal durch die Gruppenarbeit, weiterhin durch Feedback(regeln), die Koordination und Absprachen in der Gruppe, auch während der Präsentation, vor allem aber durch die Beratungsgespräche der Schüler untereinander (siehe c).

In den Portfolios erkennt man deutlich den Erwerb von Schlüsselqualifikationen wie Kooperationsbereitschaft und Teamfähigkeit, die Aufgabe des gewohnten „Einzelkämpfertums“. In manchen Gruppen klappt das hervorragend, da die Gruppenmitglieder befreundet sind und sich dadurch wenig Reibungsflächen bieten. Andere Gruppen durchlaufen in der Projektzeit einen wertvollen sozialen Prozess – zuweilen von einer „Notgruppe der Übriggebliebenen“ zu einem echten Team, wobei sich manche neue Freundschaften ergeben. Wir erlebten auch schon eine Gruppe, die notgedrungen einen glühenden Vertreter des besagten Einzelkämpfertums aufnahm, wobei sich beide Seiten überraschend erfolgreich zu einer Gruppenpräsentation zusammenfanden.

c) Beurteilungsfähigkeit

Die Beurteilungsfähigkeit wird geschult im Umgang mit Texten, gegenseitigen Beratungsgesprächen (Schülerberatungen), in der Beurteilung der Qualität einer „Forschungsfrage“, in der Bewertung von Präsentationen und nicht zuletzt durch die Beurteilung der eigenen Leistung in der Präsentation und im Portfolio.

d) Sprachliche Kompetenz in der Fremdsprache

(betrifft Projektportfolios im Fremdsprachenunterricht)

Nicht zu vergessen ist ein enormer Lernzuwachs in der Fremdsprache. Die Schüler einer Gruppe erwerben ein ungeheures Spezialvokabular, das sich viel stärker einprägt als Vokabeln im Lehrbuch, und sie machen den anderen Schülern diese Vokabeln zugänglich. Sie benötigen vielfältige grammatische Strukturen für einen flüssigen und klar strukturierten Text in der Fremdsprache. Das Wichtigste aber sind Sprechanlässe wie die wöchentlichen Gruppenberichte und die Präsentationen. Die „Hemmschwelle“ der meisten Schüler im Gebrauch der Fremdsprache verliert sich mit der Zeit, und durch die frei vorgetragenen Texte bleiben Strukturen haften, die Transferleistungen fördern.

These: Portfolioarbeit ermöglicht eine Bewertung der Qualität der Lernprozesse und des Lernfortschrittes der Schülerinnen und Schüler und orientiert sich an den Anforderungen des Lehrplans.
In allen Fächern liefert der Lehrplan Themenbereiche, die sich als „Dachthema“ eignen. Überdies stellt er den Erwerb von Schlüsselqualifikationen, Methoden- und Sozialkompetenz in den Mittelpunkt der schulischen Entwicklung. Dazu kommt die Aneignung von Präsentationstechniken, außerdem Lernzuwachs im Bereich der Fremdsprache; z.B. ist Großbritannien Lehrplanthema in Klasse 6/7 (E), das Verfassen freier Texte in der Fremdsprache beginnt ab Klasse 7/8 (Bildungsplan Baden-Württemberg). All das erreichen wir durch unsere Projektarbeit. Dazu kommt ein weiterer überaus wichtiger Aspekt, die Reflexion des eigenen Lernprozesses durch den Schüler.

Das Portfolio ist unter anderem ein Instrument, um projektartiges Arbeiten qualitativ abzusichern, es ist eine neuartige Methode, die die Projektphase begleitet und über die Selbstreflexion des Schülers seinen eigenen Lernprozess dokumentiert und damit auch gleichzeitig evaluiert.

All das ist Grundlage für die Evaluation der Lernprozesse und des Lernzuwachses. Die Struktur des heutigen Schulwesens, in dem Ziffernnoten absoluten Vorrang haben, sei es für die Versetzung, sei es für Studienfächer mit Numerus clausus, macht es leider erforderlich, diesen ganzheitlichen Prozess auch in die traditionelle Notengebung mit einfließen zu lassen. Aus diesem Grund haben wir uns zu einer förmlichen „Projektnote“ entschlossen, die natürlich weit weniger aussagekräftig ist als eine verbale Beurteilung. Doch die gemeinsame Arbeit mit den Schülern ermöglicht es uns allen, mit dieser Vereinbarung und diesem Wissen zu leben.

Das eigentliche Feedback und die Evaluation „nicht messbarer“ Entwicklungen werden über Gespräche vermittelt.

These: Portfolioarbeit (Coaching) fördert die Zusammenarbeit mit Kollegen.
Unsere Portfolioarbeit entstand durch das Modellversuchsprogramm „Lebenslanges Lernen“ der Bund-Länder-Kommission ab dem Jahr 2000. Zunächst war unser Gymnasium eine der 10 beteiligten Projektschulen, die mit der Pädagogischen Hochschule in Heidelberg zusammenarbeiteten. Portfolioarbeit wurde von Anfang an bei uns etabliert. In den ersten beiden Projektjahren war das gesamte Team an der Planung und Umsetzung der Projekte beteiligt, der Portfolio-

prozess wurde im Zusammenwirken mit der Arbeitsgruppe *pro*-Schule ständig weiterentwickelt. Seit dieser Zeit wird die Portfolioarbeit schulintern durchgeführt, seit dem Schuljahr 2004/05 ist in unserem Schulcurriculum die Durchführung von Projektportfolios für die gesamte Klassenstufe 6 festgeschrieben. Seitdem bilden wir ein Team für die Durchführung der Projektportfolioprozesse. Es umfasst den in der jeweiligen Klasse unterrichtenden Fachlehrer sowie einen portfolioerfahrenen Coach als Begleitung. Auf diese Weise werden die Kollegen an die Portfolioarbeit herangeführt, die dadurch im Kollegium multipliziert wird.

Grundsätzlich gilt: Alle Absprachen über das Projekt erfolgen gemeinsam im Team. Das Team entwickelt Ideen für das Projekt sowie deren Umsetzung und führt intensive Gespräche für dessen Planung und Durchführung.

In den Projektstunden sind immer die Teammitglieder anwesend. Die Instruktionen übernehmen die Teammitglieder, durch die Präsenz des Teams können auch alle Teammitglieder Beratungsgespräche übernehmen.

These: Portfolioarbeit fördert die Bereitschaft zu Teamarbeit der Lehrer im Unterricht, für gemeinsame Projekt- und Portfolioarbeit und den Austausch mit den Eltern.

Wenn man ein größeres Projekt plant, ist es zunächst einmal unerlässlich, sich mit den Kollegen zu einem Team zu finden, mit denen man sich wirklich gut versteht, mit denen man im Alltag konfliktfrei zusammenarbeitet und die eine ähnliche Vorstellung von Unterricht haben wie man selbst. Ein Projekt dieser Größenordnung ist besser im Team zu bewältigen, man denke nur an die Beratungsgespräche. Es hat sich als optimal herausgestellt, wenn man mit einer Kollegin oder einem Kollegen nahezu zeitgleich die Portfolioarbeit durchführt. Man kann Erfahrungen austauschen, auch gegenseitig bei den Projektstunden hospitieren. Außerdem ist die Zusammenarbeit ungeheuer kreativ, die Kommunikation fördert Ideenvielfalt. Und schließlich kann man auf diese Weise auch alle Portfolios von beiden Lehrern bewerten lassen.

Vor Beginn des Projekts muss man die Projektplanung detailliert ausarbeiten, ein genaues Konzept erstellen. Das Team – und auch die Schüler – brauchen klare Vorgaben und Zeitpläne. Die zeitliche Struktur der Projektphase wird bei der Vorstellung des Projekts vorgegeben und sollte nicht mehr verändert werden – Schüler müssen lernen, ihre Zeit klar einzuteilen und planvoll zu arbeiten.

Es ist auch sehr wichtig, den Schülern das Gefühl zu geben, dass man ihnen etwas zutraut, dass man an sie und ihre Leistungsbereitschaft glaubt. In diesem Setting ändert der Lehrer, das Teammitglied, seine Rolle: einerseits vermittelt er klare Linien (Vorgaben, Anspruch auf Leistungsbereitschaft), nimmt sich aber ansonsten stark zurück; er bietet Hilfe und Unterstützung an, drängt sie aber nicht auf. Er berät die Schüler und akzeptiert deren Entscheidungen. Die Initiative zu Beratungsgesprächen und Gruppenberatungen geht ausschließlich von den Schülern aus.

Die Schüler müssen auch an wichtigen Entscheidungen beteiligt werden, so z.B. bei der Erstellung eines Kriterienkatalogs oder von Bewertungsrastern. Dabei ist es wichtig, das endgültige Raster frühzeitig zu vereinbaren und herauszugeben, damit dem Schüler Kriterien der Leistungsbeurteilung vorliegen, wenn er die Leistung erbringt (Transparenz). Jedes Raster ist individuell und muss dem jeweiligen Zweck angepasst werden.

Sehr hilfreich ist auch immer ein Informationsabend für die Eltern (und interessierte Kollegen), vor allem in Unter- und Mittelstufe. Die Kommunikation und Kooperation mit den Eltern bereichert das Projekt ungemein. Sie lassen sich gern miteinbeziehen, leisten wertvolle Hilfestellung, sei es bei Fahrdiensten zu Gruppentreffen oder Museumsbesuchen oder dienen sogar als Hilfskräfte beim Basteln von Modellen. Sie stehen der Mehrarbeit ihrer Kinder an Nachmittagen, in ihrer Freizeit meist positiv gegenüber. Sie werden auch für die Eltern-Beratungen im Portfolioprozess gebraucht und sollten daher informiert sein.

Bei Fragen im Verlauf von Informationsabenden kann man den Eltern folgende Ratschläge geben: Sie können sich gern inhaltlich mit einbringen, ihr Wissen und ihre Kenntnisse, vor allem aber der Dialog mit ihren Kindern ist gefragt und erwünscht. Sie können etwas zeigen, Tipps geben, aber sie sollen es nicht selbst *machen*.

Bei zu starkem Eingreifen seitens der Eltern nehmen sie den Kindern den Stolz auf die eigene erbrachte Leistung!

Auch die in der Klasse unterrichtenden Kollegen muss man informieren und Absprachen treffen.

Es ist von Vorteil, wenn diese Kollegen auf die Schüler in der „heißen Phase“ des Projekts Rücksicht nehmen, z.B. am Präsentationstermin oder der Portfolio-Abgabe. Sie werden auch als Helfer und für „Experten-Beratungen“ in das Projekt miteinbezogen. Auf keinen Fall sollen aber mehrere Projekte gleichzeitig in einer Klasse durchgeführt werden.

Es hat sich bewährt, die Präsentation vor einer Öffentlichkeit zu veranstalten, das unterstreicht die Bedeutung der geleisteten Arbeit und bietet zusätzliche Motivation.

These: Portfolioarbeit ist ein Gewinn für Schüler, Lehrer und die Familie.
Durch die Projekt- und Portfolioarbeit ist bei den Schülern eine unglaubliche Motivationssteigerung zu verzeichnen. Sie haben ein positives Bild der Schule und des Unterrichts, sind stolz auf die eigene Leistung, spüren, dass man ihnen etwas zutraut, und das zahlt sich für alle Beteiligten aus.

Die Schüler bejahen den Mehraufwand durch das Projekt, sie arbeiten gern in der Gruppe und sind auch dadurch motiviert. Ihre Arbeitshaltung verändert sich stark, z.B. im Writing Portfolio schreiben sie bereitwillig mehrere Versionen derselben Geschichte, um bessere Leistungen zu erbringen. Sie haben keine Angst vor Fehlern im Lernprozess, Fehler dienen als Fortschritt im weiteren Verlauf und werden nicht „verurteilt".

Vor allem im problemorientierten Unterricht benötigt man die Reflexion – das ist ein Gewinn der Portfolioarbeit –, um ein planvolles Vorgehen für die Zukunft zu erreichen. Die Schüler schätzen ihre eigene Leistung sehr genau ein, sie erkennen mit Hilfe des Rasters und ihrer Selbstreflexion, auf welche Weise sie ihre Leistung verbessern können und tun das auch.

Ihre Kritikfähigkeit hat sich entwickelt (Feedbackregeln, Fishbowl), man merkt den kritischen Umgang mit Internetseiten oder dem Lehrbuch. Zitat eines Schülers zu einer Geschichte im Lehrbuch: „An sich ist die Geschichte ja nicht glaubwürdig, aber um die neuen Grammatikstrukturen zu vermitteln, eignet sie sich ganz gut."

Mit den Eltern ergibt sich eine sehr enge und fruchtbare Kooperation, sie lassen sich bereitwillig für das Projekt „einspannen", ein Vater entdeckte sogar durch das Projekt seines Sohnes seine Leidenschaft für die englische Flotte und machte ein Hobby daraus!

Neben dem Erwerb von Methoden- und Sozialkompetenz (Kritik, Beratungen, Gruppenarbeit) zeigt sich in vielen Bereichen bei den Schülern eine ungewöhnliche Reife, die allen in der Klasse unterrichtenden Kollegen auffällt. An folgenden Beispielen wird das sichtbar:

- Aussage der Deutschlehrerin: „Man kann mit diesen Schülern Themen behandeln, die man sonst kaum in einer 8. Klasse behandeln könnte."
- Bei interessierten „Gästen" in den Projektstunden (Kollegen, Referendare, Lehrer anderer Schulen des BLK-Projekts) stellen sie bereitwillig ihre Arbeit vor und opfern ihre Freizeit im Anschluss an den Unterricht, um Fragen der Gäste zu beantworten.
- Beratungs- und Abschlussgespräche finden oft in der Freizeit der Schüler (und des Teams) statt. Auch hier gibt es keinen Unmut seitens der Schüler.
- Die Diskussion über die Gewichtung der Schülerselbstbewertung brachte erstaunliche Ergebnisse. Die Schüler plädieren dafür, die Selbstbewertung nicht zu hoch anzusetzen, sie sehen die Gefahr der „Taktiker" und sagen: „Weniger starke Gewichtung schafft ehrlichere Noten." Solange wir in dieser Struktur der Ziffernnoten verhaftet sind, ist diese Überlegung verständlich, aber dass Schüler dies erkennen und zu vermeiden suchen, ist unglaublich.
- Als wir im 1. Projektjahr am Ende mit dem Lehrbuch etwas in Zeitnot gerieten (es ging um Vokabeln, die noch zu lernen waren), machten die Schüler folgenden Vorschlag: „Wir besprechen sie noch kurz, lernen sie dann in den großen Ferien – welcher Schüler braucht denn schon sechs Wochen Ferien? – und im September sind wir auf dem Laufenden." – Das hat geklappt!

These: Die Portfolioarbeit wirkt sich positiv auf das Lernen der Schüler aus.

Die Schüler haben eine bessere Arbeitshaltung, eine starke Selbststeuerung, arbeiten viel selbstständiger und zielgerichteter, sie überlegen, bevor sie anfangen, und anschließend strukturieren sie im Vorfeld, arbeiten verstärkt mit Mindmaps oder Gliederungen. Sie organisieren, teilen sich ihr Arbeits- und Lernpensum selbst ein, lernen effektiver und viel kognitiver als zuvor und reflektieren ihre Arbeitsweise, ihr Vorgehen und ihre Leistung.

Sie sind sich ihrer Selbstverantwortung bewusst und übernehmen die Verantwortung für ihren Lernprozess. Im täglichen Unterricht bevorzugen sie das selbstständige Erarbeiten von Inhalten und „Langzeithausaufgaben" (eigene Planung).

Portfolioarbeit ermöglicht differenziertes Lernen: Die Schüler erkennen, dass sie Umwege gemacht haben und vermeiden sie nach Möglichkeit bei ihrer Weiterarbeit. Das bedeutet Zeitgewinn und Qualitätsgewinn im Anschluss an Portfolioarbeit.

Insgesamt ist der Unterricht für alle Beteiligten sehr angenehm, es herrscht eine sehr vertrauensvolle Atmosphäre, in der der Lehrer sich zurücknimmt, sich eher als Lernberater versteht. Schüler und Lehrer sind Partner im Lernprozess, dadurch wird das gegenseitige Verständnis gefördert.

Der Lebensraum „Schule" wird geöffnet und bekommt einen neuen Stellenwert als Thema in den Familien. Man bedenke nur, wie viele Schülerinnen und Schüler „freiwillig" an einem Freitag Abend in die Schule kommen, um an Präsentationen anderer Klassen teilzunehmen, für manche ist es sogar eine Frage der Ehre, ja keine Präsentation zu versäumen.

Unser Fazit: Im Unterricht mit Portfolios wird manches gelehrt, aber vieles gelernt – und das ist gut so!

Schlusswort

Ist man Portfolio„neuling", sollte man keine Scheu haben, mit den Schülern zusammen Erfahrungen zu machen, ihnen das auch klar zu sagen und sie um häufiges Feedback bitten, um den Prozess optimieren zu können. Die Reaktion der Schüler in vielen Fällen bestätigt unsere Erfahrung: Sie sind stolz auf ihre Mithilfe und verantwortungsbewusst, sie machen sich ernsthaft Gedanken um das Konzept und die Durchführung und geben wertvolle Hinweise, die man für zukünftige Prozesse berücksichtigen kann und soll.

Auch später sollte man sich während des Prozesses immer Gedanken machen, der Prozess verändert sich ständig, aber diese Veränderungen sollte man erst in den nächsten Prozess einbringen, um die Schüler im laufenden Prozess nicht zu verunsichern. Sie brauchen klare Rahmenbedingungen, die nicht ständig verändert werden, sie müssen sich auf die einmal getroffenen Vereinbarungen unbedingt verlassen können.

Zur Übernahme von Eigenverantwortung sollte man die Lernenden behutsam hinführen, nicht zu viel Kontrolle ausüben, sondern auf den Sinn von Beratungen hinweisen.

Auch wir haben unser Konzept immer weiterentwickelt und geändert, vieles, was sich nicht bewährt hatte, haben wir abgeschafft und verworfen, dafür Neues ausprobiert und aufgenommen, wenn es sich als geeignet erwiesen hat.

Ein wichtiges Hilfsmittel für Veränderungen ist unter anderem auch das Feedback, das wir in den Schülerportfolios bekommen, ebenso die konstruktive Mitarbeit seitens der Schüler, die in dieser vertrauensvollen Atmosphäre stets offen und ehrlich ihre Meinung äußern und sehr sachbezogene Beiträge liefern. Auch unser Bewertungsraster hat schon viele Veränderungen erfahren, es muss ebenfalls den Projektzielen und Schwerpunkten angepasst werden.

Durch ein solches Portfolio versetzen wir unsere Schüler in die Lage, ihren eigenen Lernprozess zu dokumentieren, diesen Lernprozess zu reflektieren und dadurch nachvollziehen zu können. All dies ermöglicht ihnen, ihren Lernprozess zu optimieren und sinnvolle Perspektiven für ihr zukünftiges Lernen zu entwickeln. Sie erkennen, dass sie selbst für ihren Lernerfolg verantwortlich sind und sind dadurch viel eher bereit, die Eigenverantwortung für ihren Lernprozess zu übernehmen.

Viele positive Punkte sprechen für den Einsatz des Portfolios im Unterricht. Es beginnt beim Erlernen und Üben vielfältiger Kompetenzen, geht über das selbstständige Lernen und hört bei der Reflexion des eigenen Lernweges noch lange nicht auf.

Andererseits darf auch nicht übersehen werden, dass die Portfolioarbeit ein hohes Maß an Zeit und großes Engagement von Lehrern und Schülern verlangt.

Wenn man aber den Erfolg der Schüler betrachtet, weiß man, dass sich diese Mühe gelohnt hat.

17 Beispiele für gelungene Portfolioelemente[87]

17.1 Vorwort

In diesem Portfolio wird erläutert was es mit dem Abholzen des Regenwaldes auf sich hat. Warum und wieso ausgerechnet der Regenwald abgeholzt wird und was mit den Bäumen und Regenwaldflächen danach passiert.

Ich habe dieses Thema gewählt, weil es mein Interesse geweckt hat. Es ist einfach bedrückend, dass es Menschen gibt die gar nicht auf Mitmenschen achten. Man muß die Menschen darüber aufklären was passiert, wenn kein Regenwald mehr vorhanden ist, wie und warum es geschieht und warum der Wald so wichtig für uns ist.

Auf den Seiten wird gezeigt, dass man mit Umwegen rechnen muss und das diese sogar helfen können. Darum ist es nicht verwunderlich, dass ich zwei mal zur Forschungsfrage – und Ergebniskontrolle musste.

Das Portfolio wird zudem den Lernweg mit den tiefsten tiefen und den Höhenflügen bis kurz nach der Präsentation zeigen. Es wird dargestellt das es manchmal recht schwierig sein kann als Team zu arbeiten und sich an etwas neuem zu probieren.

Vera Vogel, Klasse 6

87 Bei allen Portfolioelementen wird die Originalfassung der Schülerinnen und Schüler unverändert übernommen.

KKF Deutsch Jahrgangsstufe 12 - Vorwort

Liebe Leser und Leserinnen,
ich bin Heike Schwab, 18 Jahre alt, und gehe in die 12. Klasse des Carl-Friedrich-Gauß Gymnasiums in Hockenheim.

Das folgende Projekt "Exillyrik" startete am 08.04.2005 in einer ganz normalen Deutschstunde. Frau Pfeifer und Herr Kriebel, unsere Projektleiter, stellten uns das Projekt "Exillyrik" in zwei Stunden vor. Trotz anfänglicher Desinteressen und Ablehnungen hat es sehr viel Spass gemacht, aber es war auch mit sehr viel Arbeit verbunden. Durch diese Projektarbeit wurden aber auch viele engere Freundschaften geschlossen und man nahm bzw. nimmt sehr viel Wissen für das Abitur mit.

In Gruppen erarbeiteten wir uns dann ein Thema, welches mit Exillyrik zu tun hat. Meine Gruppe bestand aus Natalie H., Katharina K., Viktoria K. und mir. Trotz anfänglicher Schwierigkeiten, da unser Thema "Deutsche Exilanten in einem bestimmten Land "USA" sich mit den übrigen Themen überschnitten hatte, haben wir aber nach einigen Diskussionen das passende Thema gefunden. Wir haben gedacht, dass eigentlich jedes "Fachgebiet" abgedeckt war, nur die "Exillyrik heute" nicht. So kamen wir zu dem Thema "Exillyrik in Deutschland heute" - Migrantenliteratur -.

Nach sehr vielen Recherchen fanden wir dann auch den geeigneten Lyriker, den wir "untersuchen" wollten. Dementsprechend mussten wir uns eine Forschungsfrage überlegen. Ich wählte die Frage "Wer sind Adel Karasholi und Mahmoud Darwish und gibt es bestimmte Gründe, warum Karasholi von Darwish Gedichte übersetzt? Gemeinsamkeiten? Gleiche Erlebnisse? Diese Forschungsfrage wählte ich, weil mich interessierte, warum Adel Karasholi eben die Gedichte von Mahmoud Darwish übersetzte und warum er deutsche Gedichte und keine arabischen Gedichte schreibt.

Auf den kommenden Seiten werden sie einige interessante Informationen über das Leben von zwei Exilanten, die aus dem Ausland kommen, erfahren. Neben Zeitungsartikeln vom A1- Verlag oder Büchern, bekommen sie auch einen "Höreindruck" von Adel Karasholi und von ihm verfasste Notate für seine Bücher.

Anfangs war es sehr schwierig einige Informationen über Adel Karasholi zu erhalten, da teilweise nur arabische Seiten zu finden waren. Häufig trat auch der Name "Mahmoud Darwish" auf, mit dem ich auch zuerst nichts anfangen konnte. Nach einigen Recherchen fand ich heraus, dass Adel Karasholi die Gedichte von Mahmoud Darwish übersetzt hat und so suchte ich nach mehr Informationen, weil ich dies sehr spannend fand.

Außerdem ist Mahmoud Darwish auch ein Exilant und folglich passte er dann auch zu meinem Thema. So entschied ich mich, zwei Exilanten vorzustellen. Nach weiteren Recherchen kam ich auch bei Mahmoud Darwish nicht mehr weiter und so entschied ich mich den A1- Verlag zu kontaktieren. Dieser schickte mir sehr viel Infomaterial und gab mir auch die E-mailadresse von Karasholi. So konnte ich mit ihm persönlich reden. Auf diesem Weg erhielt ich auch Informationen, die nirgends festgehalten waren. Seit dieser Zeit stehe ich mit Herrn Karasholi persönlich in Kontakt. Er wird auch demnächst an unsere Schule kommen. Darauf freue ich mich sehr.

Ab dieser Zeit kann man auch wieder einen deutlichen Lernweg erkennen. Wie gut es mir gelungen ist, meine Forschungsfrage zu beantworten, können Sie am Ende selbst beurteilen. Viel Spaß beim Lesen!

17.2 Mitwachsendes Inhaltsverzeichnis – Auszug

Mitwachsendes Inhaltsverzeichnis

Nr.	Datum	eingeheftet	entnommen
1	26.09.2005	Mitschrift Projekt	-
2	26.09.2005	Projektplan	-
3	26.09.2005	grünes Gedankenblatt	-
4	09.10.2005	Internetausdruck (Nr.4a-4i)	-
4a	09.10.2005	Kleopatra, Königin der 1000 Legenden	-
4b	09.10.2005	Buchbeschreibung	Zu wenige Infos über Kleopatra
4c	09.10.2005	Kleopatra die VII.	-
4d	09.10.2005	"Mythos" Kleopatra	-
4e	09.10.2005	Kleopatras Leben	-
4f	09.10.2005	Kleopatra-die Schöne vom Nil	Es gibt keine neuen Informationen
4g	09.10.2005	Wer war Kleopatra?	-
4h	09.10.2005	Zeitstrahl von Kleopatras Leben	-
4i	09.10.2005	Kirchenlexikonauszug	-
5	10.10.2005	Forschungsfragenblatt (rosa)	-
6	10.10.2005	grünes Gedankenblatt	-
7	17.10.2005	Forschungsfragenblatt (rosa)	-
8	17.10.2005	Forschungsfragenblatt (rosa)	-
9	17.10.2005	grünes Gedankenblatt	-
10	24.10.2005	Mind-Map Forschungsfragen	-
11	24.10.2005	Peer-Beratung	-
12	24.10.2005	grünes Gedankenblatt	-
13	24.10.2005	Mind-Map	-
14	07.11.2005	Feedbackregeln	-
15	07.11.2005	grünes Gedankenblatt	-
16	07.11.2005	Bilder von Kleopatra	-
17	07.11.2005	Buch-Kopie :"Kust und Architektur Ägypten"	-
18	07.11.2005	Zusammenfassung von Nummer 17	Ich unterstreiche lieber bei Nr. 17
19	13.11.2005	Gruppenbericht 1	-
20	14.11.2005	grünes Gedankenblatt	-
21	14.11.2005	Instructor-Beratung	-
22	19.11.2005	Internetausdruck	-
23	21.11.2005	grünes Gedankenblatt	-
24	21.11.2005	Methoden zur Visualisierung	-
25	05.12.2005	Raster	-
26	05.12.2005	grünes Gedankenblatt	-
27	05.12.2005	Internetausdruck	-
28	05.12.2005	Buch-Kopie:"Kleopatra-Königin der Könige"	Es gibt keine neuen Informationen
29	12.12.2005	Tipps für eine Präsentation	-
30	12.12.2005	grünes Gedankenblatt	-
31	18.12.2005	Kleopatras Familie (Text)	-
32	18.12.2005	Zusammenfassung	-
33	19.12.2005	Ergebniskontrolle	-
34	08.01.2006	mein Vortrag für die Präsentation	-

17.3 Mindmap

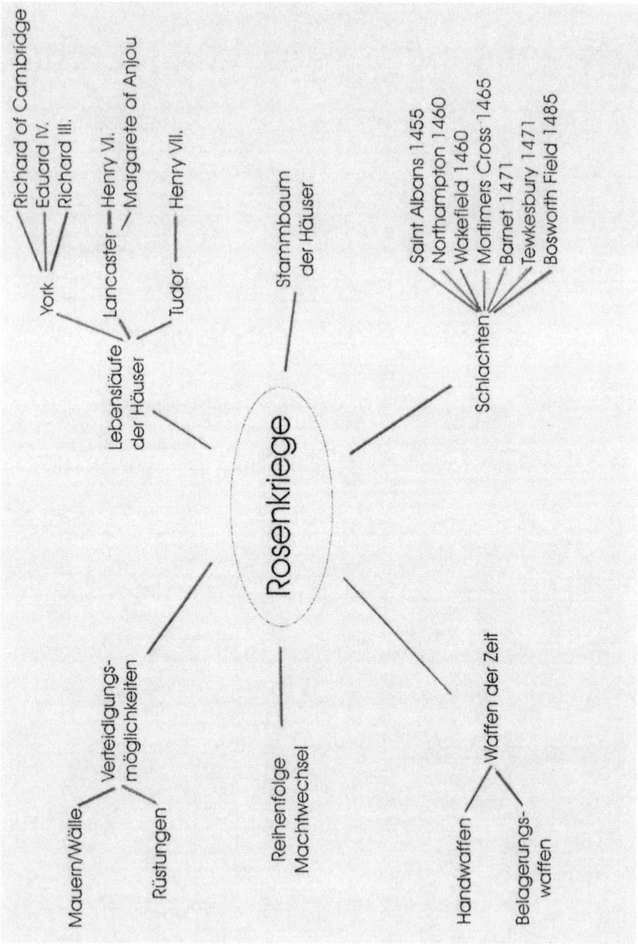

Michael L., Klasse 7

17.4 Vergleich Präsentation

Eine Präsentation durchzuführen ist wie einer Spinne ins Gesicht zu sehen

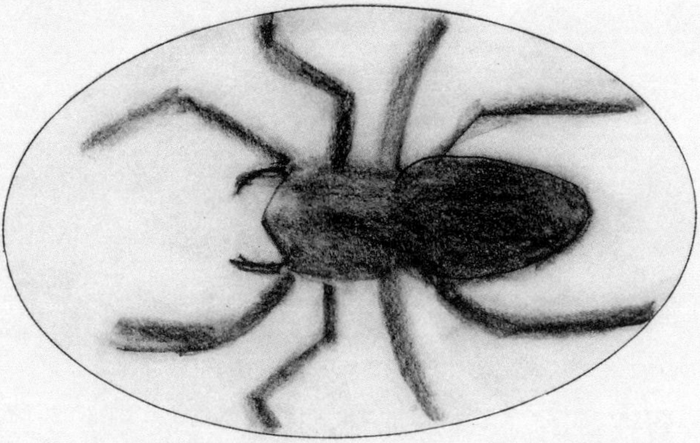

Ich habe diese Metapher gewählt, weil man immer denkt Spinnen wären gefährlich. Deshalb haben die meisten Angst vor ihnen, im Grunde sind sie harmlose Wesen. Genauso ist es mit Präsentationen, dass kann ich aus Erfahrung sagen.

Jeanette A., Klasse 6

Metapher

Eine Gruppenpräsentation ist wie:

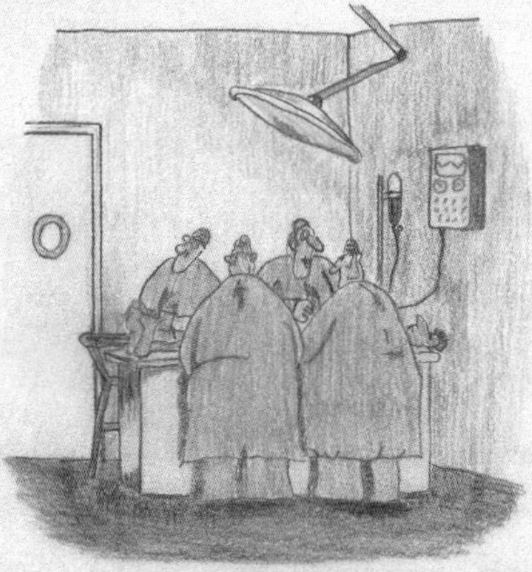

Eine Operation

BEGRÜNDUNG:

Ich habe die Metapher: 'Eine Gruppenpräsentation ist wie eine Operation' gewählt, da ich viele Gemeinsamkeiten zwischen einer Gruppenpräsentation und einer Operation sene.

In beiden Fällen müssen alle Beteiligten zusammenhalten und sich gegenseitig vertrauen. Ohne dies wäre eine Zusammenarbeit unmöglich. Eine weitere Gemeinsamkeit ist, dass man sowohl für eine Operation als auch für eine Präsentation das richtige Werkzeug braucht bzw. die richtigen Medien benötigt.

Man sollte sich gut über die Krankheit bzw. den Grund der Operation oder über das zu präsentierende Thema auskennen, da sonst keines von beiden stattfinden könnte.

Außerdem sind die Beteiligten, egal wie oft sich schon operiert oder präsentiert haben, jedes Mal von neuem aufgeregt und haben Angst, das etwas schief geht.

Annika K., Klasse 9

17.5 Vergleich Portfolioarbeit

Ein Physik-Portfolio zu machen, ist wie…

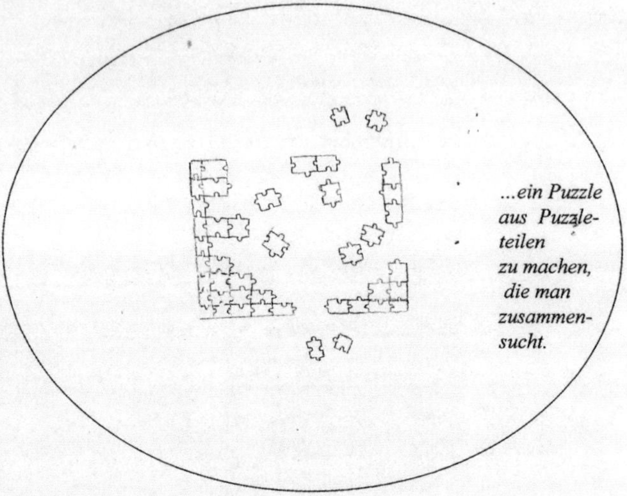

Ich habe dieses Bild gewählt, weil es beim Portfolio genau so ist. Man sucht Teile und fügt sie zusammen und am Ende hat man ein Ganzes, etwas Großes, das aus vielen Bestandteilen besteht. Beim Portfolio su man Dokumente, Informationen, Bilder, und jedes Ding, das man hinein tut, ist jeweils wie ein Puzzleteil. Am Ende hat man dann eine kompletten Lernweg, ein abgeschlossenes Stück Erfahrung.

Annemarie Schmidt, Klasse 9

Metapher

Ein Portfolio zu erstellen ist wie:

ein großes Menü zu kochen.

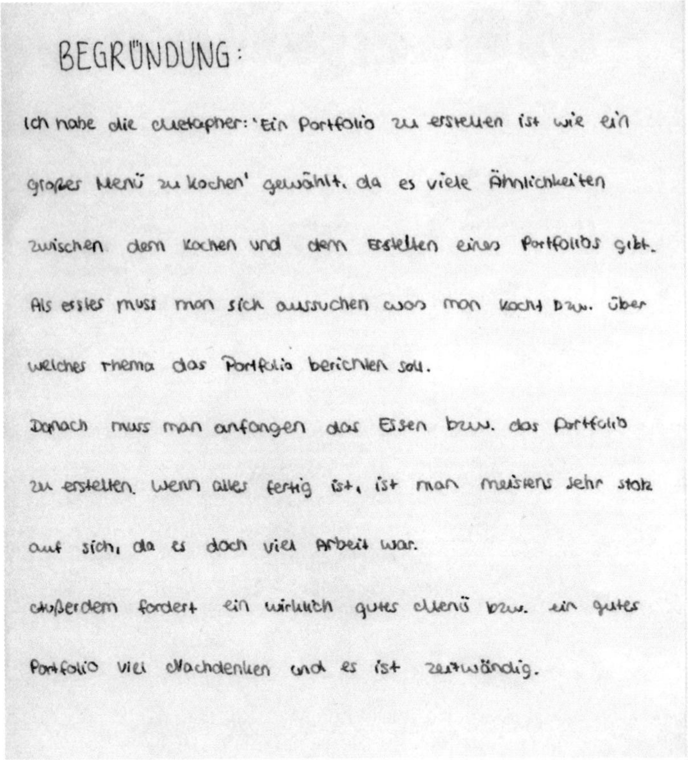
BEGRÜNDUNG:

Ich habe die Metapher: 'Ein Portfolio zu erstellen ist wie ein großes Menü zu kochen' gewählt, da es viele Ähnlichkeiten zwischen dem Kochen und dem Erstellen eines Portfolios gibt.

Als erstes muss man sich aussuchen was man kocht bzw. über welches Thema das Portfolio berichten soll.

Danach muss man anfangen das Essen bzw. das Portfolio zu erstellen. Wenn alles fertig ist, ist man meistens sehr stolz auf sich, da es doch viel Arbeit war.

Außerdem fordert ein wirklich gutes Menü bzw. ein gutes Portfolio viel Nachdenken und es ist zeitwändig.

Annika K., Klasse 9

17.6 Aufsatz

Ich bin...

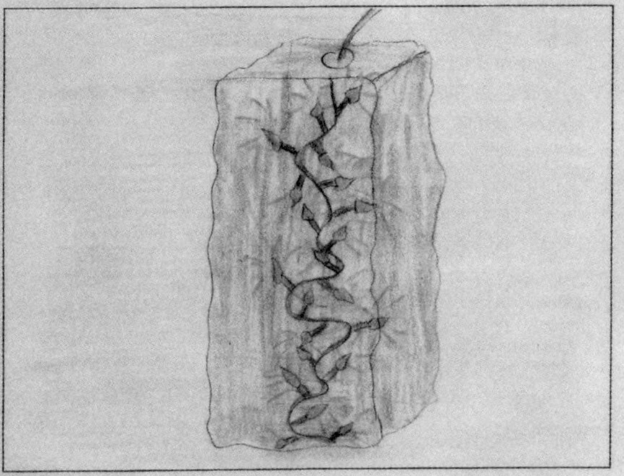

...eine wunderschöne, romantische Hängeleuchte in Sophias Zimmer.

Ich erzähle jetzt mal,

wie ich diese Präsentation

habe entstehen sehen.....

Fortsetzung.......

11.2.06

An einem Montagnachmittag im letzten Herbst kam Sophia von der Schule nach Hause, setzte sich auf ihr Bett und knipste mich an. Ich erhellte sofort ihr Zimmer, merkte aber, dass ich Sophia mit meinem Licht nicht erfreuen konnte. Sie blickte bekümmert drein und ich wollte wissen, was mit ihr los war. Deshalb leuchtete ich in ihre Gedanken hinein. Dort schwirrten ganz neue Begriffe umher: Portfolio, Präsentation, Ägypten, Kleopatra, Forschungsfrage, … . Außer Kleopatra und Ägypten verstand ich von den Begriffen überhaupt nichts. Kleopatra kannte ich schon: Sie war ein ägyptische Königin. Über sie wollte ich gerne mehr erfahren und ich glaube, Sophia ging es genauso. „Wer war Kleopatra eigentlich?", murmelte sie plötzlich, „Juhu! Das wird meine Forschungsfrage!" Ich freute mich, dass Sophia wieder fröhlicher wurde und dachte: „Aha, ein Problem weniger." Aber da gab es halt noch andere: Die Präsentation sollte eine Gruppenarbeit werden. In Sophias Gruppe waren Lena, Sandra, Gianna und Michelle. Also fünf Mädchen und alle sollten sie über Kleopatra erzählen. Sogar mir leuchtete ein, dass Kleopatras Leben nicht so viel hergab, dass man gleich zu fünft über sie berichten konnte. Na gut, zuerst mussten jetzt also Informationen her. Sophia setzte sich sofort an den Computer und druckte aus dem Internet viele Materialien aus. Sie sammelte diese in einem neuen Ordner, der aussah, als würde er später das Portfolio sein.

In der nächsten Projektstunde, so erzählte sie mir, zeigte sie ihren Lehrerinnen Frau Kaiser und Frau Pfeifer ihren Forschungsfragenentwurf und an Sophias Gesicht konnte ich ablesen, dass die Frage wohl nicht ganz o.k. war. Aber ich sah auch, dass sie schon wieder nach einer Neuen suchte. Sie grübelte: „ Vielleicht sollte ich noch etwas von ihrem Volk dazunehmen…? Ja, das ist es! Es heißt doch immer, dass das Volk Kleopatra hasste." Sophias Gesicht erhellte sich nun endlich.

Am nächsten Montagmittag kam Sophia zum Glück mal wieder fröhlich nach Hause. Sie berichtete mir: „Erst habe ich mir die Forschungsfrage „ Wie war Kleopatras Leben und warum hat das Volk sie gehasst?" ausgedacht. Aber diese Frage war nicht ganz korrekt, deshalb habe ich sie so geändert, dass sie offener klingt. Jetzt heißt sie so: „Wie war Kleopatras Leben und wie stand das Volk zu ihr?" Dafür habe ich grünes Licht bekommen!" Nicht nur Sophia hatte die Zustimmung der Lehrer erhalten, sondern auch ihre Gruppenmitglieder. Die nächste Aktion war die Erstellung zweier Mind-Maps. In dem einen musste Sophia die Forschungsfragen ihres Teams aufschreiben und in dem anderen die Gedanken zu ihrer eigenen Frage. Die Zeit reichte sogar noch für eine

In der nächsten Projektstunde wurde es langsam konkret, denn die Klasse bekam Tipps für die Präsentation. Später blinzelte Sophia versonnen in mein schönes Licht und ich gab ihr einen Geistesblitz. Natürlich! Man könnte Kleopatras Familie an der Präsentation kurz vorstellen. Also setzte sich das Mädchen gleich hin und stellte die Familienmitglieder Kleopatras zusammen.

Jetzt war es schon Mitte Dezember und es wurde höchste Zeit, die Informationen, die Sophia gesammelt hatte als Grundlage für den späteren Vortrag zusammenzufassen.

Am nachfolgenden Tag kam Sophia so freudestrahlend von der Schule nach Hause, dass sie mein Licht gar nicht mehr brauchte. Trotzdem erzählte sie mir, warum sie so überaus glücklich war: „Ich habe die ganze Zeit gedacht, dass ich kein grünes Licht bei der Ergebniskontrolle bekomme, aber jetzt habe ich es doch geschafft! Frau Kaiser hat nur gesagt, dass ich lediglich meine angefangene Arbeit beenden muss. Aber das ist nicht allzu viel. Schließlich sind ja in einer Woche Ferien. Da habe ich genug Zeit, mich vorzubereiten!" Ach ja, die Ferien. Sophia hatte sich schon viel für diese Zeit vorgenommen.

Aber während der Weihnachtsfeiertage lief zunächst einmal gar nichts. Erst im neuen Jahr schrieb Sophia ihren Vortrag für die Präsentation. Dafür benötigte sie natürlich mein Licht und öfters auch eine Erleuchtung von mir. Sophias Mutter gab ihr noch Tipps durch eine Eltern-Beratung und Sophias Vater half ihr mit den Folien, die sie für ihren großen Auftritt benötigte. Ich konnte dieses Mal nicht viel leuchten, weil das Meiste vor dem Computer im Keller stattfand. Aber man kann eben nicht immer dabei sein.

Manchmal war Sophia auch auf einem Gruppentreffen bei Michelle und wenn sie nach Hause kam, erzählte sie mir, was alles passiert war. Bei einem Treffen hatten sie zum Beispiel festgelegt, wer wann seinen Vortrag halten sollte oder sie übten ein Theaterstück ein, mit dem sie ihre Präsentation beginnen wollten.

Jetzt ging es Schlag auf Schlag. Sophia schrieb ihre Stichwortzettel und einen Gruppenbericht, den sie nach den Ferien ihrer Klasse vortragen musste.

Mittwochs vor der Präsentation bekam sie in der Schule die Programmfolge für das große Ereignis.

Dann endlich war es soweit. Mein Licht flackerte traurig, denn ich konnte leider nicht mitgehen, aber das war nicht so tragisch, denn als Sophia wieder heimkam knipste sie mich an und erzählte mir alles bis ins Detail, so aufgeregt war sie, weil der Abend so super gelaufen war. Sie legte sich glücklich ins Bett und ihre Augen leuchteten mit meinem Licht um die Wette.

Internetausdruck, den sie nicht für ihre Forschungsfragenbeantwortung benötigte.

7.7 Vergleich zur Zusammensetzung eines „Writing Portfolio“

Metapher zur Zusammensetzung des „Writing Portfolio"

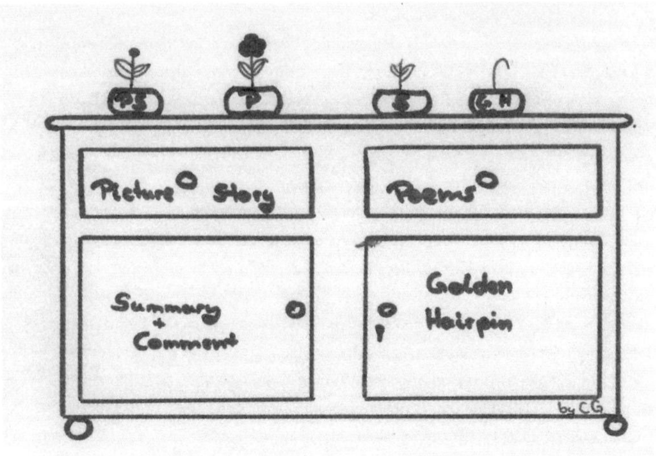

Carolina G., Klasse 8

Die Schülerin verdeutlicht die individuelle Zusammensetzung ihres Portfolios durch das Bild eines Schranks:

- Die beiden Schubladen symbolisieren die kleineren Aufgabenfelder „picture story" und „poems"
- Die beiden Schranktüren zeigen die umfassenderen Aufgabenbereiche „Golden Hairpin" und „summary and comment".
- Die verschlossene Schranktür bei „Golden Hairpin" zeigt, dass sie diesen Bereich nicht in ihr Portfolio aufgenommen hat.

Das Glanzstück dieser Metapher aber sind die Topfpflanzen auf diesem Schrank, denn hier liegt eine echte Selbstevaluation vor:

> Der Zustand der Pflanzen gibt an, wie die Schülerin das Gelingen der einzelnen Teile des Portfolios selbst beurteilt und einschätzt.

17.8 Nachwort

Nachwort

So, das war also mein Lernweg.
Ich fand dieses Projekt schön, nicht nur weil es mal eine Abwechslung vom normalen Unterricht war, es war sehr interessant und ich habe viel über die Provence gelernt.
Auch die Präsentationen meiner Klassenkameraden war interessant.
Ich denke ich habe die Fragestellung so gut ich konnte beantwortet.
Natürlich gibt es viel mehr Traditionen und Weihnachten und Karneval gibt es in ganz vielen Ländern, aber ich hatte schließlich auch nur vier Minuten für meine Präsentation Zeit.
Ich habe ja jetzt auch mehr Erfahrung als vorher.
Mein Lernweg war je nach dem mal leicht und mal schwer.
Wenn ich zum Beispiel gut gelaunt war und richtig Lust hatte etwas für das Portfolio zu machen, dann ging es natürlich sehr leicht.
Wenn man aber schlecht gelaunt ist, arbeitet man natürlich schlechter.
Um meine Forschungsfrage zu beantworten, habe ich mir Zeit gelassen.
Aber am Ende wurde es knapp, denn es war nur noch weniger als eine Woche bis zur Präsentation.
Das wird mir nicht noch einmal passieren!
Aber ich habe es zum Glück trotzdem geschafft.
Jetzt weiß ich, dass ich mir die Zeit für das nächste mal besser einteilen muss.
Es war sehr schlecht, wenn sich zwei meiner Gruppenmitglieder gestritten haben, denn dann konnten wir nicht zusammen arbeiten.
Und das kam mindestens einmal in der Woche vor.
Umso besser war es, wenn wir alle zusammen ganz konzentriert das Rollenspiel geprobt, die Präsentationsbilder ausgesucht oder uns über das Portfolio unterhalten haben.
Ganz schockiert waren wir, als plötzlich Violas Bilder weg waren.
Aber nach der Präsentation, als alles geklappt hatte, waren wir richtig glücklich.
Wenn wir noch einmal so ein Projekt machen, werde ich gleich in eine Gruppe gehen, in der gut gearbeitet und kein Quatsch gemacht wird.
Außerdem muss mir das Gruppenthema gefallen und in der Gruppe sollten sich nicht immer Zwei streiten!

Also, bis zum nächsten Projekt

A.M., Klasse 6

Nachwort

Nachdem Sie nun mein komplettes Portfolio durchgelesen haben, möchte ich Ihnen mit diesem Nachwort meine Meinung über mein Portfolio erzählen:

Meine Forschungsfrage habe ich mit Hilfe von Herrn Matz komplett beantwortet.
Ich bin mit vielen Informationen aus verschiedenen Quellen (Wasserwerk Reilingen, Internet, Sachbüchern der Büchereien in Hockenheim und Altlußheim sowie Informationen des Amtes für Landwirtschaft) an mein Portfolio herangegangen.
Bei der Präsentation müsste ich mit mehr Folien bzw. Anschauungsmaterialien arbeiten und ich werde nächstes Mal mehr Expertenberatungen beantragen. Außerdem habe ich mir vorgenommen, bei meinem nächsten Portfolio noch mehr Museen zu besuchen.
Denn durch versuchen, zuschauen und zuhören kann ich besser und verständlicher lernen wie nur durch das reine Lesen.
Ich hatte Spaß bei gemeinsamen Ausflügen und beim Ausdrucken von Internetseiten, aber ich hatte Frust beim Durchlesen der ausgedruckten Texte. Es war langweilig und öde.
Ich habe aus der Portfolioarbeit gelernt im Team zu arbeiten, aber auch selbstständig zu lernen und das eigene Portfolio mit der Gruppe abzustimmen.
Bei der nächsten Präsentation werde ich mehr Folien und eventuell auch einen Beamer benutzen.
Ich hoffe, Ihnen hat das Portfolio gefallen. Mein erstes Portfolio wird mir dabei helfen künftige Portfolios ideenreicher zu gestalten.

Björn M., Klasse 6

18 Material

18.1 Rahmenbedingungen des Projekts

Projektportfolio Kl.		
Ziel	Dokumentation + Präsentation	Projektportfolio
Fach		Erdkunde
Themen- bereich	Dachthema Selbststeuerung Frageform	Südeuropa ja ja, Frage des Einzelnen braucht „grünes Licht" vom L
Vorgaben	Gruppengröße Gruppenzusammensetzung Kontrolle Forschungsfrage (wöch.) Gruppenberichte Länge der Präsentation Rahmen der Präsentation jeder Schüler präsentiert Visualisierung Gruppennote für Präsentation	3-4 selbstbestimmt ja ja 12-15 Minuten nachmittags, Eltern, Gäste, Lehrer ja ja (mind. 2 Elemente) ja
Arbeitszeit im Unterricht		Ca. 1 Doppelstunde pro Woche(s. Projektplan)
Zeitraum	Planung unumstößlich	s. Projektplan
Gewichtung für die Note	Gesamtnote ↓ Projektnote →	entspricht Klassenarbeit Präsentation 40% (Projektteam) Portfolio 60% (80% Projektteam, 20% Schüler)
Bewertungs- raster	Präsentation Portfolio	Kriterien + Gewichtung Projektteam (nach Konsens) Projektteam
Schüler- selbst- bewertung		Ja, für Portfolio 20%
Vereinba- rung	Wer erhält Einblick ins Portfolio?	Team, Berater, Klassen-kameraden

18.2 Zeitplan des Projekts – Auszüge

PROJEKTPLAN KLASSE 6b							
FREI		UNTERRICHT		PROJEKTSTUNDEN		TERMINE
Mo	02.10.2006					
Di	03.10.2006					
		Mi	04.10.2006			
				Do	05.10.2006	Vorstellung Projekt
		Fr	06.10.2006			
Sa	07.10.2006					
So	08.10.2006					
		Mo	09.10.2006			
		Di	10.10.2006			
		Mi	18.10.2006			
				Do	19.10.2006	Kontrolle Forschungsfrage
		Fr	20.10.2006			
Sa	21.10.2006					
So	22.10.2006					
		Mi	17.01.2007			
				Do	18.01.2007	
				Fr	19.01.2007	PRÄSENTATION
Sa	20.01.2007					
So	21.01.2007					
				Mo	22.01.2007	nur 1 Stunde (3.)
		Di	23.01.2007			
		Mi	24.01.2007			
				Do	25.01.2007	
		Fr	26.01.2007			
Sa	27.01.2007					
So	28.01.2007					
		Mo	29.01.2007			
		Di	30.01.2007			
		Mi	31.01.2007			
				Do	01.02.2007	nur 1 Stunde
		Mi	14.02.2007			
				Do	15.02.2007	ABGABE PORTFOLIO
		Fr	16.02.2007			

18.3 Projektvorstellung Schüler

PROJEKT Kl. 6b

Thema	Die Alpen (Erdkunde)
Ziel	PRÄSENTATION 10-15 Minuten Gruppengröße 3-4 jeder Schüler präsentiert Präsentation: Gruppennote Visualisierung (mind. 2 Elemente) Nachmittag, eingeladen sind Eltern, Gäste, Lehrer, Schüler
Vorbereitungen	Gruppenbildung (selbstbestimmt) Themenfindung der Gruppe "Forschungsfrage" jedes Gruppenmitglieds (Frage des Einzelnen muss vom Lehrer "grünes" Licht haben)
Arbeiten	Informationen beschaffen - wo? – verschiedenartige Quellen – nicht nur Internet! Quellenangaben und Datum für jedes Dokument, jede Kopie! Informationen auswerten (lesen / markieren / in eigenen Worten zusammenfassen) Gruppenberichte in Projektstunden (Mitglieder wechseln sich ab!) Forschungsfrage wird in einem **selbstverfassten** Text beantwortet
Zeit	siehe Projektplan – im Unterricht nur ein Teil der Arbeitsleistung, der Rest daheim
Gewichtung für die Note	Projektnote entspricht einer KA Projektnote ergibt sich aus Präsentation 40% + Portfolio 60% Portfolionote ergibt sich aus 80% Lehrerbewertung + 20% Schülerselbstbewertung PORTFOLIO als Projektbegleitung

18.4 Übungstext Doppelungen und Begründungen

1

Herr Robert Müller lebt in Hamburg.
Seine Söhne heißen Tim und Tom.
Außerdem hat er einen Hund.

2

Herr Müller wohnt seit fünf Jahren in einem Einfamilienhaus in Hamburg.
Er hat zwei Kinder, sie heißen Tim und Tom.

3

Das ist Herr Müller mit seinen Söhnen.
Im Hintergrund sieht man seine Frau, Tina Müller.

4

Herr Dieter Müller und sein Bruder Robert leiten die Firma gemeinsam.
Beide sind verheiratet und haben Kinder.

5

Hier sehen wir Tina Müller, die Ehefrau von Robert Müller, im Garten ihres Einfamilienhauses.
Ihre Söhne sind 10 und 12 Jahre alt.
Herr Müller geht oft mit seinem Hund spazieren.

19 Vorlagen

Unser Gruppenthema lautet:

____

Ich habe mir diese Forschungsfrage überlegt:

____

Meinung/Kommentar des Lehrers/der Lehrerin zu meiner Forschungsfrage:

____

____

____

Diese Forschungsfrage bekommt
vom Lehrer/von der Lehrerin folgende Farbe:

Datum: ______________

Lehrer[in]: ______________________________

Daher werde ich ______________________________

____

____

Name: ____________________ Datum: __________

Protokoll zur Lehrer-Beratung

A. Erkläre Deinem Lehrer/Deiner Lehrerin:

1. wie Deine Forschungsfrage lautet.
2. wie Du bisher bei der Beantwortung vorgegangen bist.
3. was Du gut gemacht hast.
4. woran Du noch arbeiten wirst.

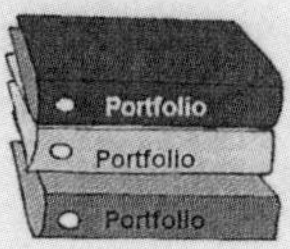

B. Berater[in]

Das hast Du gut gemacht: ______________________________

____

____

Das solltest Du nochmals überdenken: ___________________

____

____

Überlege Dir doch einmal das Folgende: __________________

____

____

Berater[in]: ______________________ Datum:

C. Beratene[r] (nach der Beratung)

Das werde ich daher (als nächstes) tun: _________________

____

____

Die Beratung hat mir geholfen / nicht geholfen, denn: ____

____

____

Name: ______________________ Datum: ____________

Protokoll zur Schüler-Beratung

A. Erkläre Deinem Partner / Deiner Partnerin:

1. wie Deine Forschungsfrage lautet.
2. wie Du bisher bei der Beantwortung vorgegangen bist.
3. was Du gut gemacht hast.
4. woran Du noch arbeiten wirst.

B. Berater[in]

Das hast Du gut gemacht:____________________

____

____

Das solltest Du nochmals überdenken:____________

____

____

Überlege Dir doch einmal das Folgende:__________

____

____

Berater[in]: ____________________ Datum: ________

C. Beratene[r] (nach der Beratung)

Das werde ich daher (als nächstes) tun:__________

____

____

Die Beratung hat mir geholfen / nicht geholfen, denn:____

____

____

Name: ____________________ Datum: ________

Protokoll zur Beratung durch Familienmitglieder

A. Erkläre einem Mitglied Deiner Familie:

1. wie Deine Forschungsfrage lautet.
2. wie Du bisher bei der Beantwortung vorgegangen bist.
3. was Du gut gemacht hast.
4. woran Du noch arbeiten wirst.

B. Berater[in]

Das hast Du gut gemacht:______________________________

____

____

Das solltest Du nochmals überdenken:_______________

____

____

Überlege Dir doch einmal das Folgende:_____________

____

____

Berater[in]: ______________________ Datum: __________

C. Beratene[r] (nach der Beratung)

Das werde ich daher (als nächstes) tun:______________

____

____

Die Beratung hat mir geholfen / nicht geholfen, denn:____

____

____

Name: ________________________ Datum: __________

Protokoll zur Beratung durch Fachleute

A. Erkläre einem Experten/einer Expertin:

1. wie Deine Forschungsfrage lautet.
2. wie Du bisher bei der Beantwortung vorgegangen bist.
3. was Du gut gemacht hast.
4. woran Du noch arbeiten wirst.

B. Berater[in]

Das hast Du gut gemacht:____________________

____

____

Das solltest Du nochmals überdenken:____________

____

____

Überlege Dir doch einmal das Folgende:__________

____

____

Berater[in]: ____________________ Datum: ________

C. Beratene[r] (nach der Beratung)

Das werde ich daher (als nächstes) tun:__________

____

____

Die Beratung hat mir geholfen / nicht geholfen, denn:____

____

____

Name: ______________________ Datum: ________

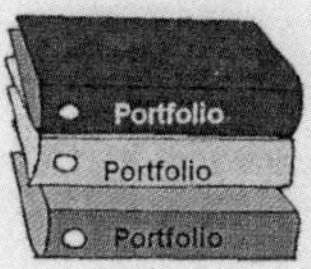

Einige Gedanken zu meiner Projektarbeit

Name: ______________________ Datum: __________

Du schreibst heute zum ersten Mal ein Reflexionsblatt. Dieses nennen wir auch "Gedankenblatt", hier schreibst du deine Gedanken zum Projekt auf.
Schreibe deine Gedanken als **Text** auf, du sollst nicht die folgenden Fragen beantworten. Sie sind nur da, um dir eine Idee zu geben, was du schreiben kannst.

Was geht mir durch den Kopf, wenn ich nun an dieses Projekt denke?

Was gefällt mir daran?

Was stelle ich mir schwierig vor?

Womit fange ich am besten an?

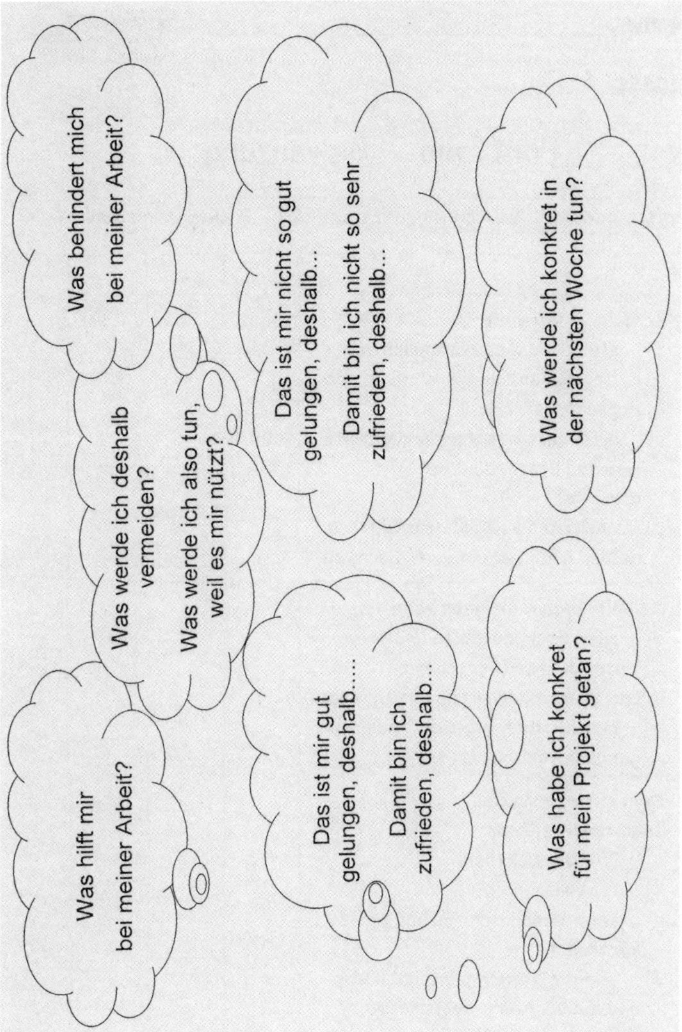
Was hilft mir bei meiner Arbeit?
Was werde ich deshalb vermeiden?
Was werde ich also tun, weil es mir nützt?
Was behindert mich bei meiner Arbeit?
Das ist mir gut gelungen, deshalb.....
Damit bin ich zufrieden, deshalb...
Das ist mir nicht so gut gelungen, deshalb...
Damit bin ich nicht so sehr zufrieden, deshalb...
Was habe ich konkret für mein Projekt getan?
Was werde ich konkret in der nächsten Woche tun?

Name: ______________________________

Klasse: 6 ____

Portfolio - Bewertung

Bitte beachte: Du kannst ganze und halbe Punkte vergeben!

1. In deinem **Vorwort** ...			(3)
a) ... **stellst** du dich **persönlich vor**,	0,5	_____	
b) ... **begründest** du die Wahl deiner **Forschungsfrage**,	0,5	_____	
c) ... gibst du einen **Vorblick** auf das, was den Leser/die Leserin erwartet,	1	_____	
d) ... und gibst einen kurzen **Einblick** in deinen ganz persönlichen **Lernweg**.	1	_____	_____
2. Deine beiden **Mindmaps** zeigen ...			
a) ... euer **Gruppenthema** und seine Unterthemen (Forschungsfragen und Namen der Gruppenmitglieder)	1	_____	
b) ... und wie **dein eigenes Thema genau** aufgebaut ist.	2	_____	_____
3. Dein mitwachsendes **Inhaltsverzeichnis** ...			(2)
a) ... ist **übersichtlich**,	0,5	_____	
b) ... ist **vollständig**,	0,5	_____	
c) ... zeigt **genau** den **Aufbau** deines Portfolios,	0,5	_____	
d) ... und die **Entnahmen** sind knapp und einleuchtend begründet (mit Datum der Entnahme).	0,5	_____	_____

	maximale Punktzahl	erreichte Punktzahl	Gesamt-punktzahl
4. Deine **Unterlagen**			(20)
a) Du hast für die Klärung deiner Frage so viele **Quellen** herangezogen, wie du brauchst, um dich über die Zuverlässigkeit deiner Informationen zu vergewissern. Deine Unterlagen stammen aus **verschiedenartigen Quellen** und sind mit **Quellenangaben** versehen.	4	______	
b) Deine Unterlagen enthalten **Informationen**, die zu deiner Forschungsfrage **passen**.	6	______	
c) Man kann erkennen, dass Du deine Quellen **bearbeitet** hast; du hast wichtige Informationen im Text **markiert** oder **Stichwörter** an den Rand aufgeschrieben und hast anschließend die Informationen **zusammengefasst**.	4	______	
d) Bei der Auswahl deiner Quellen hast du darauf geachtet, unnötige **Doppelungen** zu **vermeiden**.	4	______	
e) Die Möglichkeit, **eigene Eintragungen** (Gedanken, Erklärungen, Kommentare, Gruppenprotokolle, tagebuchartige Einträge usw.) zu machen, hast du genutzt.	2	______	______
5. Die **Begründungen**...			(6)
a) ... sind auf **jedem** Dokument vorhanden und	2	______	
b) ... erklären, was du durch dieses Dokument NEUES über dein Thema gelernt oder erfahren hast.	4	______	______

	maximale Punktzahl	erreichte Punktzahl	Gesamt-punktzahl
6. Deine **Gedanken über dich und deine Arbeit** zeigen, dass du in der Lage bist...			(3)
a) ... zu beschreiben, was dir beim Arbeiten **hilft** (z.B. äußere Umstände oder deine Stärken),	1	____	
b) ... zu beschreiben, was dich beim Arbeiten **behindert** (z.B. äußere Umstände oder deine Schwächen),	1	____	
c) ... diese **Erkenntnisse** für deine weitere Arbeit zu **nutzen** (⇨ z.B.: ...deshalb werde ich jetzt Folgendes tun ...).	1	____	____
7. Unter den **Beratungen** mit Klassenkameraden, Lehrern, Familienmitgliedern und Experten hast du angemerkt, was dir diese Beratungen für deine Arbeit gebracht haben.	1	____	(1) ____
8. In dem Kapitel **„Meine Präsentation"**			(32)
a) ... wird deine eigene Forschungsfrage in einem *eigenständigen, selbstverfassten Text* beantwortet,	30	____	
b) ... und es enthält möglichst alle in deiner Präsentation verwendeten Texte und Medien sowie die Gedankenblätter zur Präsentation.	2	____	____

	maximale Punktzahl	erreichte Punktzahl	Gesamt-punktzahl
9. Deine **Vergleiche**... a) ... enthalten ein aussagekräftiges **Bild** b) ... und eine **Begründung**, bei der du versuchst, herauszufinden, warum dir gerade dieser Vergleich passend erscheint.	 1 3	 _____ _____	(4) _____
10. Dein **Aufsatz beschreibt** deinen ganzen Weg durch das Projekt bis zur Präsentation mit allen **Höhen** und **Tiefen** aus der Sicht deines Schreibtischs / Haustiers / Füllers/...	6	_____	(6) _____
11. Deine **Abschlussreflexion** / Dein **Nachwort** ... a) ... zeigt, dass du selbst einschätzen kannst, inwieweit du deine **Fragestellung beantwortet** hast. b) ... zeigt, wie du an die **Beantwortung** deiner Fragestellung **herangegangen** bist. c) ... zeigt, dass du selbst einschätzen kannst, was dir dabei am meisten **geholfen und** dich dabei am meisten **behindert** hat (äußere Umstände und Stärken und Schwächen). d) ... **erwähnt kurz** die **Höhen** und **Tiefen** deines persönlichen Lernwegs im Projekt. e) ... zeigt, dass es dir gelingt, daraus **Folgerungen** zu ziehen, wie du nach dieser Erfahrung in Zukunft ein neues Projekt angehen wirst.	 2 2 2 2 2	 _____ _____ _____ _____ _____	(10) _____

	maximale Punktzahl	erreichte Punktzahl	Gesamt-punktzahl
12. Die **Gestaltung** deines Portfolios			(2)
a) Dein Portfolio ist sauber und ordentlich.	1	____	
b) Dein Portfolio ist aufwändig gestaltet.	1	____	____
13. Wenn ich dein Portfolio durchlese, kann ich deinem Lernweg folgen.	8	____	(8) ____

Gesamtpunktzahl (100) [ ]

Das möchte ich noch sagen:

____

____

____

____

____

____

____

____

____

____

DATUM: ______________________

UNTERSCHRIFT:

____

20 Literatur

Gedruckte Quellen

Arnold, R.: Leadership und Lernkulturwandel I, Fernstudium Schulmanagement, SEMO110, Kaiserslautern, 2000

Bund-Länder-Kommission für Bildungsplanung und Forschungsförderung: Materialien zur Bildungsplanung und zur Forschungsförderung Heft 88: Lebenslanges Lernen. Programmbeschreibung und Darstellung der Länderprojekte, Bonn, 2001

Boston Consulting Group, The: Die Zukunft bilden. Eine gemeinsame Aufgabe für Schule und Wirtschaft, München, 2001

Dubs, R.: Lehrerverhalten, Zürich, 1995

Dubs, R.: Lehren und Lernen – ein Wechselspiel. In: Dietrich, S. / E. Fuchs-Brünninghoff (Hrsg): Selbstgesteuertes Lernen – auf dem Weg zu einer neuen Lernkultur, Frankfurt/M, 1999, S. 57–70

Dumke, J. / Th. Häcker / M. Schallies: Weiterentwicklung der Lernkultur: Portfolio als Entwicklungsinstrument für selbstbestimmtes Lernen, In: Pädagogische Hochschule Heidelberg, Institut für Weiterbildung, Informationsschrift Nr. 63, Wintersemester 2002/03

Futurist, The: Zitiert nach Horx, Matthias: Das Neue Lernen

Häcker, Th.: Portfolioarbeit in der Lehrer/innen-Bildung. Eine Literaturdurchsicht mit besonderem Blick auf deutsch- und englischsprachige Veröffentlichungen. In: journal für lehrerInnenbildung, 4/2001, S.68–75

Häcker, Th.: Portfolio. Ein Lern-, Lehr- und Evaluationsinstrument, Vortrag bei der schulinternen Fortbildung des Gauß-Gymnasiums, 12.9.2001

Holzkamp, K.: Lernen. Subjektwissenschaftliche Grundlegung. Einführung in das Hauptanliegen des Buches, In: Holzkamp, K. (Hrsg.): Schriften I, Hamburg, 1997, S. 255–276

Horster, L. / H.-G. Rolff: Unterrichtsentwicklung. Grundlagen, Praxis, Steuerungsprozesse, Weinheim und Basel, 2001

Horx, M.: Das Neue Lernen. Von der belehrten zur lernenden Gesellschaft. Anmerkungen zum wichtigsten Wertewandel unserer Tage. Rede gehalten anlässlich des 2. NetzWorkShop Schule & Wirtschaft, o.O., o.J.

Kriebel, J.: business@school. Die Zusammenarbeit Schule-Wirtschaft. In: Lehren und Lernen. Zeitschrift des Landesinstitutes für Erziehung und Unterricht Stuttgart, Nr. 9, September 2000, S. 12–19

Kultus und Unterricht, Amtsblatt des Ministeriums für Kultus und Sport Baden-Württemberg, Lehrplanheft 4/1994

Kultus und Unterricht, Amtsblatt des Ministeriums für Kultus, Jugend und Sport Baden-Württemberg, Lehrplanheft 3/2001

Labudde, P.: Thesen zur Steigerung der Effizienz des mathematisch-naturwissenschaftlichen Unterrichts. Thesenpapier im Rahmen der Fachtagung „Sicherung und Entwicklung der Qualität des mathematisch-naturwissenschaftlichen Unterrichts an allgemeinbildenden Schulen, unveröffentlichtes Manuskript, 1998

OECD: Meeting of the Education Committee at Ministerial Level, 16.–17. January, Paris 1996, S. 15, zitiert nach Materialien zur Bildungsplanung und zur Forschungsförderung Heft 88: Lebenslanges Lernen

Paulson, F. L., Paulson, P. R., & Meyer, C. A.: What Makes a Portfolio a Portfolio? Educational Leadership, 48 (5), 60-63, (1991).

Pfeifer, Silvia & Kriebel, Joachim: Portfolio im offenen Unterricht. Praxis Schule 5–10, Heft 4 August 2006, 37–40

Pfeifer, Silvia: Eine besondere Art der Kommunikation – Portfoliogespräche verändern meinen Unterricht. In: Brunner, I., Häcker, T., Winter, F. (Hrsg.): Das Handbuch Portfolioarbeit, Kallmeyer Verlag, 2006

Schüßler, I.: Leadership und Lernkulturwandel II, Fernstudium Schulmanagement, SEMO120, Kaiserslautern, 2000

Seneca: Epistulae morales ad Lucilium 106,12

Simon, F. B.: Die Kunst, nicht zu lernen – Warum Ignoranz eine Tugend ist. In: Simon F. B. (Hrsg): Die Kunst, nicht zu lernen. Und andere Paradoxien in Psychotherapie, Management, Politik, Heidelberg, 1997, S. 14 –159

Weinert, F.E.: Die fünf Irrtümer der Schulreformer, In: Psychologie Heute 7/1999, S. 28–34

Internet-Quellen

http://www.kmk.org/doc/selbstlern.htm

http://www.netzworkshop.de

http://www.spz.tu-darmstadt.de/projekt_ejournal/jg-10-/beitrag/ TorbenSchmidt.htm

http://www.zukunftsinstitut.de

Wer noch mehr wissen will ...

http://www.portfolio-schule.de

Bräuer, Gerd: Schreiben als reflexive Praxis – Tagebuch, Arbeitsjournal , Portfolio, Freiburg 2000

Bräuer, Gerd (Hrsg.): Schreiben(d) lernen , Ideen und Projekte für die Schule, edition Körber-Stiftung, Hamburg 2004

Brunner, I., Häcker, T., Winter, F. (Hrsg.). Das Handbuch Portfolioarbeit, Kallmeyer Verlag, 2006

Schwarz, Johanna: Die eigenen Stärken veröffentlichen, Portfolios als Lernstrategie und alternative Leistungsbeurteilung, *Friedrich Jahresheft 2001 Thema: „Evaluieren“, S. 24–27*

Vollstädt, Witlof: Ziel jeder Förderung: selbstgesteuertes Lernen. *SchulVerwaltung spezial, 2/2004, 18–19*

Danksagung

Wir danken

- all unseren vielen Schülerinnen und Schülern, die mit einer Veröffentlichung der Fotos aus den Projektstunden einverstanden waren,
- den Schülerinnen und Schülern, die einer Veröffentlichung ihrer Portfolioelemente zustimmten,
- unseren Schülerinnen Lisa Mäder und Annemarie Schmidt, die die Folien zur Verdeutlichung und auch die Grafiken auf den Formblättern entwarfen und gestalteten,
- den Kolleginnen und Kollegen, die mit uns diesen Portfolioprozess tragen und immer weiterentwickeln,
- den Eltern für ihre Kooperation und ihre Ermutigung – sie bestätigen uns immer wieder, dass wir auf einem guten Weg sind.

Joachim Kriebel und Silvia Pfeifer

Carl-Friedrich-Gauß Gymnasium
68766 Hockenheim

Aus unserem Pädagogik-Programm

V&R

Franziska Perels / Bernhard Schmitz / Kirsten van de Loo

Training für Unterricht – Training im Unterricht

Moderne Methoden machen Schule

Unter Mitarbeit von Simone Bruder, Carla Buchbinder und Katharina Krause.
2007. 160 Seiten, kartoniert
ISBN 978-3-525-31534-7

Jetzt machen moderne Methoden Schule – denn was ist Unterricht anderes als das Trainieren bestimmter Fähigkeiten und Fertigkeiten in einer Trainingsgruppe im Klassenzimmer?

Julia Drumm (Hg.)

Methodische Elemente des Unterrichts

Sozialformen, Aktionsformen, Medien

Von Tilman Bechthold-Hengelhaupt, Martin Biastoch, Roland Frölich, Nancy Grimm, Stefan Kliemt, Ingvelde Scholz, Bettina Münch-Rosenthal, Joanna Siemer Philipp Wehmann.
2007. Ca. 256 Seiten mit zahlreichen Abb., kartoniert
ISBN 978-3-525-40003-6

Das Kompendium stellt klassische und moderne, vielfältig in der Praxis erprobte methodische Elemente des Unterrichts vor.

Peter Veith

Humor im Klassenzimmer

Soziale Kompetenzen stärken – Ermutigen – Motivieren

2007. 144 Seiten mit 16 Abbildungen, kartoniert
ISBN 978-3-525-31541-5

Humor ist eine stark unterschätzte Ressource für gelingendes Unterrichten und Erziehen.

Laura Bach

Seelenleid: Nicht lernbereit

Verschüttete Schülerpotenziale freilegen

2007. 110 Seiten, kartoniert
ISBN 978-3-525-31540-8

Wenn schulische Leistungen nachlassen, wenn ein Schüler plötzlich aggressiv reagiert, wenn eine Schülerin ganz allmählich verstummt – wie kann man darauf reagieren?

Miriam Stiehler

AD(H)S – Erziehen statt Behandeln

2007. 200 Seiten, kartoniert
ISBN 978-3-525-31538-5

Wie helfe ich meinem Kind, damit es sich besser konzentrieren kann? Ist Impulsivität wirklich eine Krankheit oder »nur« störendes Verhalten?

Vandenhoeck & Ruprecht

Aus unserem Pädagogik-Programm

V&R

Beate Herzog

Unsere Schule streitet mit Gewinn

Alltagskonflikte und ihre Mediation

2007. 111 Seiten mit 9 Abb., kartoniert
ISBN 978-3-525-31516-3

Streit gibt es immer und überall, wo Menschen miteinander leben – also auch an jeder Schule. Streitschlichtung ermöglicht die Beilegung von Alltagskonflikten durch die Streitenden selbst.

Beate Herzog

Bewerbungs-Management im Unterricht

2007. 47 Seiten, kartoniert
ISBN 978-3-525-31528-6

Das Thema »Wie bewerbe ich mich richtig?« gehört zum Standard-Repertoire schulischen Unterrichts. Gerade heute ist die optimale Vorbereitung auf den Berufseinstieg von existenzieller Bedeutung.

Von Beate Herzog gibt es zu beiden Büchern zahlreiche Materialien für den Unterricht (CDs, DVDs und mehr). Nähere Informationen dazu erhalten Sie unter

www.v-r.de

oder unter www.sps-consult.de

Gisela Eisele

Sport und Bewegung in der Schule

Für Klassenzimmer - Turnhalle - Sportplatz - Zuhause

2007. Materialienordner in hochwertiger Ausfertigung, Ringbuch
ISBN 978-3-525-31533-0

Bewegung bringt Schwung ins Leben. Das gilt auch für Bewegung in Klassenzimmer und Turnhalle, die Schwung in den Unterricht bringt.

Gisela Eisele

Bewegung im Klassenzimmer

Gesund und fit durch den Unterricht

2007. Ca. 48 Seiten, kartoniert
ISBN 978-3-525-31536-1

Kinder bewegen sich nicht genug. In der Freizeit sitzen sie vor PC oder Fernseher – und in der Schule sitzen sie überwiegend auch.

Birgit Besser-Scholz

Burnout – Gefahr im Lehrerberuf?

2007. 144 Seiten, kartoniert
ISBN 978-3-525-40002-9

Das Buch fördert ein selbsttätiges Gegensteuern bei Burnout-Symptomen.

Vandenhoeck & Ruprecht